Inhaltsverzeichnis

by hemmer

HEMMER/WÜST

Die Karteikarten
VERWALTUNGSRECHT II

Öffentliches Recht

Das Prüfungswissen

- für Studium
- und Examen

8. Auflage 2022

KLAUSURTYPISCH ▪ ANWENDUNGSORIENTIERT ▪ UMFASSEND

Hemmer/Wüst Verlagsgesellschaft
Hemmer/Wüst, Karteikarten Verwaltungsrecht II

ISBN 978-3-96838-073-5
8. Auflage 2022

gedruckt auf chlorfrei gebleichtem Papier
von Schleunungdruck GmbH, Marktheidenfeld

Themenverzeichnis

VerwR II

C I

Themenverzeichnis

Themenverzeichnis

VerwR II

C III

I. Die Verpflichtungsklage

Die Unterfälle der Verpflichtungsklage

Mit der Verpflichtungsklage wird die Verurteilung zum Erlass eines abgelehnten oder unterlassenen VA begehrt, § 42 I Alt. 2 VwGO. Im Gegensatz zur Anfechtungsklage, die als Gestaltungsklage die Aufhebung eines VA zum Ziel hat, wird mit der Verpflichtungsklage der Erlass eines VA durch die Behörde erstrebt. Sie ist also eine Leistungsklage.

Nennen Sie die Unterfälle der Verpflichtungsklage!

1. Versagungsgegenklage, § 42 I Alt. 2 UF 1 VwGO

Hat die Behörde den Erlass des begehrten VA abgelehnt, ist richtige Klageart eine Verpflichtungsklage, die als Versagungsgegenklage bezeichnet wird. Die Klage folgt einer ablehnenden Entscheidung der Behörde, die dem Antragsteller den Erlass des begehrten VA versagt hat.

Bsp.: A beantragt eine Baugenehmigung. Die Behörde lehnt den Antrag des A ab, da das Vorhaben schädliche Umwelteinwirkungen hervorrufen kann.

2. Untätigkeitsklage, § 42 I Alt. 2 UF 2 VwGO

Hat die Behörde über einen Antrag nicht entschieden, d.h. ist sie untätig geblieben, ist richtige Klageart eine Verpflichtungsklage, die als Untätigkeitsklage bezeichnet wird.

Bsp.: A beantragt eine Baugenehmigung. Als nach vier Monaten noch nicht über seinen Antrag entschieden ist, erhebt er Untätigkeitsklage nach § 42 I Alt. 2 UF 2 VwGO.

hemmer-Methode: Versagungsgegenklage und Untätigkeitsklage sind keine eigenständigen Klagearten, sondern Unterfälle der Verpflichtungsklage.
Bei der Versagungsgegenklage sind die Vorschriften über die Anfechtungsklage weitgehend entsprechend anwendbar, vgl. für das Vorverfahren § 68 II VwGO, für die Klagefrist § 74 II VwGO.
Auf die Möglichkeit der Untätigkeitsklage ist insbesondere unter der Zulässigkeitsvoraussetzung „Ordnungsgemäßes Vorverfahren“ einzugehen. Ist die Behörde auf den Antrag des Bürgers länger als drei Monate untätig geblieben, kann der Bürger ohne vorherige Einlegung eines Widerspruchs sofort Verpflichtungsklage erheben, § 75 S. 1 Alt. 2 VwGO.
Als Untätigkeitsklage wird auch der Fall bezeichnet, dass die Widerspruchsbehörde auf einen Widerspruch hin länger als drei Monate nicht reagiert und der Kläger nun auch ohne abgeschlossenes Vorverfahren klagen kann, § 75 S. 1 Alt. 1 VwGO. Diese Untätigkeitsklage hat mit der Untätigkeitsklage nach § 42 I Alt. 2 UF 2 VwGO nichts gemeinsam. Es kann sich dabei sogar um eine Anfechtungsklage handeln!

Die Verpflichtungsklage richtet sich auf die Verurteilung zum Erlass eines VA. Deshalb wird sie vor allem dort relevant, wo der Bürger für die Aufnahme einer bestimmten Tätigkeit eine Genehmigung, Zulassung oder Erlaubnis und damit einen VA benötigt, so z.B., wenn er bauen oder ein ausnahmsweise erlaubnispflichtiges Gewerbe betreiben oder zu einer öffentlichen Einrichtung zugelassen werden will.

Erstellen Sie anhand des Gesetzes ein Prüfungsschema zur Verpflichtungsklage bei gebundenen VAen.

A) Eröffnung des Verwaltungsrechtswegs, § 40 I S. 1 VwGO

B) Zulässigkeit der Klage

I. Klageart (wenn VA begehrt wird)
II. Klagebefugnis, § 42 II VwGO (möglicher Anspruch, meist Spezialgesetz, ganz selten Grundrechte)
III. Vorverfahren, § 68 II VwGO, im Fall der Versagungsgegenklage
IV. Klagefrist, § 74 II VwGO, im Fall der Versagungsgegenklage
V. Allgemeines Rechtsschutzbedürfnis (fehlt bspw., wenn statt Verpflichtungsklage auf Erlass einer Genehmigung auch die Anfechtung deren Rücknahme möglich ist)
VI. Weitere Zulässigkeitsvoraussetzungen, sofern problematisch

C) Begründetheit der Verpflichtungsklage, § 113 V VwGO

Die Verpflichtungsklage ist begründet, soweit sie gegen den richtigen Beklagten gerichtet, die Ablehnung des VA rechtswidrig und der Kläger dadurch in seinen Rechten verletzt ist. Letzteres ist der Fall, wenn der Kläger einen Anspruch auf den VA hat.

I. Passivlegitimation, § 78 I VwGO
II. Anspruchsgrundlage
III. Formelle Voraussetzungen wie ordnungsgemäßer Antrag bei der zuständigen Behörde
IV. Materielle Voraussetzungen für den Erlass
Subsumtion unter die Anspruchsgrundlage: I.d.R. sind hier Genehmigungspflichtigkeit und -fähigkeit zu prüfen.

hemmer-Methode: Handelt es sich um einen Ermessens-VA, dann prüfen Sie getreu dem Wortlaut des § 113 V VwGO die Rechtswidrigkeit der Ablehnung, insbesondere die Ermessensfehler. Im Anschluss daran müssen Sie klären, ob Spruchreife vorliegt, dann ergeht ein Vornahmeurteil nach § 113 V S. 1 VwGO. Andernfalls ergeht nur ein Verbescheidungsurteil, § 113 V S. 2 VwGO.

Gehen Sie in Gedanken noch einmal die Sachentscheidungsvoraussetzungen der Anfechtungsklage durch. Vergleichen Sie dabei die Überschneidungen und die Unterschiede zur Verpflichtungsklage. Beachten Sie, dass die Adressatentheorie i.R.d. Klagebefugnis bei der Verpflichtungsklage keine Anwendung finden kann. Selbst wenn der ablehnende Bescheid rechtswidrig wäre, müsste der VA nicht unbedingt erlassen werden. Dieser stellt aber das Klageziel der Verpflichtungsklage dar.

I. Die Verpflichtungsklage

Vorliegen einer ö.-r. Streitigkeit, § 40 I S. 1 VwGO

Eine öffentlich-rechtliche Streitigkeit liegt vor, wenn sich das Klagebegehren als Folge eines Sachverhalts darstellt, der nach dem öffentlichen Recht zu beurteilen ist, vgl. § 40 I S. 1 VwGO. Dies ist immer dann der Fall, wenn die streitentscheidende Norm dem öffentlichen Recht angehört.

Mitunter kann es Probleme bereiten, ob die streitentscheidende Norm öffentlich-rechtlicher Natur ist.

Die Null-Partei möchte die Stadthalle für eine Wahlkampfveranstaltung anmieten. Die Gemeinde hat zuvor schon oft Mietverträge mit den betreffenden Parteien abgeschlossen. Nun aber lehnt sie es ab, der Null-Partei die Halle zu vermieten, da diese „ein anarchistisches Deutschland“ anstrebe und damit verfassungswidrig sei. Das Widerspruchsverfahren wurde erfolglos durchgeführt. Die Null-Partei möchte Klage erheben auf Zulassung zur Stadthalle.

Vor welchem Gericht ist diese Klage zu erheben?

In Betracht kommt eine Klage vor dem VG. Voraussetzung dafür ist, dass eine öffentlich-rechtliche Streitigkeit nichtverfassungsrechtlicher Art vorliegt, die keinem anderen Gericht zugewiesen ist, § 40 I S. 1 VwGO:

- Fraglich ist, ob eine **öffentlich-rechtliche Streitigkeit** vorliegt. Dann müsste die streitentscheidende Norm dem öffentlichen Recht zuzuordnen sein. Problematisch ist hier, dass auch zivilrechtliche Ansprüche auf Überlassung der Stadthalle denkbar sind. Somit kommen als streitentscheidende Normen sowohl solche des Privatrechts (z.B. § 535 BGB) als auch solche des öffentlichen Rechts (z.B. Art. 21 BayGO, § 5 I PartG) in Betracht.
- Auch die Null-Partei geht nicht von einem bereits geschlossenen Mietvertrag aus. Aus dem Zivilrecht ist keine Verpflichtung der Stadt ersichtlich, einen Mietvertrag abzuschließen. Eine Verpflichtung zur Zulassung kann sich nur aus dem öffentlichen Recht ergeben. Entsprechend findet, um eine sog. Flucht ins Privatrecht zu verhindern, im Bereich der Zulassung zu öffentlichen Einrichtungen die **Zwei-Stufen-Theorie** Anwendung. Nach dieser wird zwischen Zulassung („Ob" der Benutzung) und der Ausgestaltung des Benutzungsverhältnisses („Wie" der Benutzung) differenziert: Die Zulassung zur öffentlichen Einrichtung erfolgt durch VA oder öffentlich-rechtlichen Vertrag. Auf der zweiten Stufe hingegen steht das Benutzungsverhältnis. Dieses können die Gemeinden kraft ihrer Organisationshoheit öffentlich-rechtlich (z.B. durch Satzung) oder privatrechtlich (z.B. durch allgemeine Geschäftsbedingungen) ausgestalten. Für die Frage des Rechtswegs ist entscheidend, welcher Teil des Vorgangs streitbefangen ist. Während der Streit über das „Ob" als öffentlich-rechtliche Streitigkeit vor das VG gehört, müssen Streitigkeiten aus dem Abwicklungsverhältnis (dem „Wie") bei privatrechtlicher Ausgestaltung des Benutzungsverhältnisses vor die Zivilgerichte.
- Hier geht es der Null-Partei darum, überhaupt zugelassen zu werden. Diese Stufe ist öffentlich-rechtlich zu beurteilen. Somit liegt eine öffentlich-rechtliche Streitigkeit vor i.S.d. § 40 I S. 1 VwGO. Damit muss die Null-Partei vor dem VG Klage erheben.

hemmer-Methode: Die Zwei-Stufen-Theorie stößt in der Literatur häufig auf kritische Stimmen. So wird vor allem vorgebracht, dass ein einheitlicher Lebensvorgang künstlich in zwei Stufen auseinandergerissen werde. Damit verursache man Komplikationen beim Rechtsschutz, indem man den Rechtsweg aufspalte (Zivil- und/oder Verwaltungsrechtsweg). Stattdessen wird zur Annahme eines einheitlichen Benutzungsverhältnisses tendiert. Dabei hat die Verwaltung die Wahl, dieses in Verwirklichung des Zulassungsanspruches durch VA, öffentlich-rechtlichen oder privatrechtlichen Vertrag zu regeln.

Die Gemeinde hat die Möglichkeit, eine öffentliche Einrichtung auf eine privatrechtliche Gesellschaft zu übertragen. Probleme, welcher Rechtsweg zu beschreiten ist, können sich dann ergeben, wenn die privatrechtliche Gesellschaft nicht mit dem Bürger kontrahieren will.

Die Gemeinde hat die Halle an die A-GmbH verpachtet. Alleiniger Gesellschafter der A-GmbH ist die Gemeinde selbst. Der Geschäftsführer der A-GmbH weigert sich nun, mit der Null-Partei einen Mietvertrag zu schließen.

Was kann die Null-Partei unternehmen?

1. Die Null-Partei kann gegen die A-GmbH vor dem Zivilgericht auf Abschluss des Mietvertrages klagen. In diesem Fall ist zu berücksichtigen, dass auch hier die Gemeinde auf dem Gebiet der Leistungsverwaltung handelt, so dass dies nicht zu einer „Flucht ins Privatrecht" führen darf. Wenn ein Benutzungsanspruch gegen die Gemeinde besteht, dann muss dieser auch gegen die juristische Person des Privatrechts durchsetzbar sein, zumindest wenn diese faktisch mit der Gemeinde gleichzustellen ist, da diese alleinige Gesellschafterin der GmbH ist.
Daraus ergibt sich ein Kontrahierungszwang für die A-GmbH (str.), sodass gegen die A-GmbH auf Vertragsschluss vor den Zivilgerichten geklagt werden kann. Auch kann die Null-Partei mit dieser Klage die Klage auf vertragsmäßige Leistung verbinden.

2. Zum anderen kommt auch eine Klage gegen die Gemeinde vor dem VG in Betracht. Da diese sich durch Übertragung der Aufgaben nicht ihren Pflichten gegenüber dem Bürger entziehen darf, bleibt eine Zulassungspflicht als Pflicht zur Verschaffung der Benutzungsmöglichkeit bestehen; der Bürger hat einen öffentlich-rechtlichen Verschaffungsanspruch gegen die Gemeinde. Diese hat auf die privatrechtliche Gesellschaft derart einzuwirken, dass diese den öffentlich-rechtlichen Anspruch des Bürgers auf Zulassung durch Abschluss eines Mietvertrages erfüllt. Statthafte Klageart hierfür ist die allgemeine Leistungsklage.

hemmer-Methode: Die Frage, ob eine öffentlich-rechtliche Streitigkeit i.R.d. Prüfung der Eröffnung des Verwaltungsrechtswegs vorliegt, kann hier dann bei einer Klage gegen die Gemeinde bejaht werden. Der subjektive Verschaffungs- und Einwirkungsanspruch ergibt sich aus Art. 21 I BayGO und ist damit als öffentlich-rechtlich zu qualifizieren.
Machen Sie sich klar, dass die Gemeinde bei der Leistungsverwaltung ein Wahlrecht hat sowohl bezüglich der Organisations- als auch der Benutzungsform. So kann sie sowohl Zulassung als auch Benutzung öffentlich-rechtlich gestalten. Ihr steht aber auch die Möglichkeit offen, die Zulassung öffentlich-rechtlich zu gestalten, das Benutzungsverhältnis aber privatrechtlich (z.B. durch Mietvertrag). Ferner kann die Gemeinde die Organisation einer privatrechtlichen Gesellschaft, z.B. einer GmbH, übertragen. Da diese dem Bürger gegenüber nur privatrechtlich handeln kann (zum hoheitlichen Handeln ist sie nicht befugt), ist auch das Benutzungsverhältnis privatrechtlich geregelt. Ist eine GmbH zwischengeschaltet, muss allerdings im Einzelfall genau geprüft werden, ob überhaupt eine öffentliche Einrichtung vorliegt. Dies ist nur zu bejahen, wenn die Gemeinde weiterhin die Verfügungsbefugnis über die Sache hat. Dies kann aufgrund einer beherrschenden Gesellschafterstellung oder aufgrund Besonderheiten im Gesellschaftsvertrag der Fall sein.

Subventionen sind vermögenswerte Leistungen aus öffentlichen Mitteln an Private ohne marktmäßige Gegenleistung zur Förderung eines im öffentlichen Interesse liegenden Zwecks (vgl. auch § 264 VIII StGB).

Als Hilfsmaßnahme für die durch eine Dürrekatastrophe besonders geschädigten Landwirte gewährt Land B zinslose Darlehen zur Beschaffung von Futtermitteln. Der Darlehensantrag des Landwirtes L wird abgelehnt. L hält dies für rechtswidrig, da in gleichgelagerten Fällen Darlehen gewährt worden sind. L möchte dagegen vorgehen.

Vor welchem Gericht kann er Klage erheben?

Möglich erscheint hier sowohl eine Klage vor dem Zivilgericht (Abschluss eines Darlehensvertrages, §§ 488 ff. BGB) als auch vor dem VG, wenn es um den öffentlich-rechtlichen Bewilligungsakt geht.

Nach der **Zwei-Stufen-Theorie** (vgl. Karteikarte 3) ist zu unterscheiden, in welcher Stufe der in Frage stehende Anspruch verankert ist. Das „Ob" der Subventionsvergabe ist auch dann vor den Verwaltungsgerichten zu klären, wenn die Details in einem zivilrechtlichen Vertrag geregelt sind. Eine Klage vor den Zivilgerichten auf Abschluss eines Vertrages würde meist schon daran scheitern, dass dem Zivilrecht ein Kontrahierungsanspruch fremd ist. Die öffentliche Hand könnte sich damit ihren Verpflichtungen aus dem öffentlichen Recht durch eine zivilrechtliche Ausgestaltung der Verträge entziehen.

Hier geht es um das „Ob" der Gewährung. Diese geschieht durch erststufigen öffentlich-rechtlichen Bewilligungsakt.

Mithin liegt eine öffentlich-rechtliche Streitigkeit i.S.d. § 40 I S. 1 VwGO vor, sodass der L Klage zum VG erheben muss. Da der Bewilligungsbescheid einen VA i.S.d. § 35 S. 1 VwVfG darstellt, handelt es sich dabei um eine Versagungsgegenklage nach § 42 I Alt. 2 UF 1 VwGO.

hemmer-Methode: Auf Geldleistungen, die nicht zurückzuzahlen sind, sog. verlorene Zuschüsse (z.B. Prämien, Finanzhilfen), ist die Zwei-Stufen-Theorie nicht anwendbar! Der beantragte Zuschuss wird durch VA bewilligt und daraufhin ausbezahlt. Diese Auszahlung stellt keine zweite Stufe dar, sondern die Erfüllung des Bewilligungsbescheids. Es liegt ein einheitlich öffentlich-rechtliches Rechtsverhältnis vor, für das der Verwaltungsrechtsweg eröffnet ist.
Lesen Sie dazu auch VWR I, Rn. 34 ff.

Keine andere Rechtswegzuweisung

Nach § 40 I S. 1 VwGO ist der Verwaltungsrechtsweg gegeben, soweit die Streitigkeit nicht einem anderen Gericht zugewiesen ist (abdrängende Sonderzuweisung).

Zum einen ist hier an eine Zuweisung an die besonderen Zweige der Verwaltungsgerichtsbarkeit zu denken (§ 51 SGG an die Sozialgerichte, § 33 FGO an die Finanzgerichte). Sie erfassen meist Komplexe von Streitsachen („Blockzuweisungen"). Zum anderen muss eine Zuweisung an die ordentlichen Gerichte beachtet werden.

1. **Welcher Rechtsweg ist eröffnet, wenn der Kläger Entschädigungsansprüche im Anschluss an den Widerruf eines rechtmäßigen begünstigenden VA geltend machen will?**
2. **Welcher Rechtsweg ist gegeben, wenn es um Ausgleichsansprüche wegen der Rücknahme eines rechtswidrigen VA geht?**

1. Bei Entschädigungsansprüchen wegen des Widerrufs eines rechtmäßigen begünstigenden VA ist gem. § 49 VI S. 3 VwVfG der **ordentliche Rechtsweg** gegeben.

2. Im Falle von Entschädigungsansprüchen wegen Rücknahme eines rechtswidrigen VA enthält § 48 VwVfG, anders als § 49 VwVfG für den Widerruf rechtmäßiger VAe, keine abdrängende Zuweisung an die ordentlichen Gerichte. Da es um die Rechtsfolgen der Rücknahme eines VAs geht, liegt eine öffentlich-rechtliche Streitigkeit nichtverfassungsrechtlicher Art ohne anderweitige Rechtswegzuweisung vor – der Verwaltungsrechtsweg ist eröffnet.

hemmer-Methode: Geht es also um die Geltendmachung von Entschädigungsansprüchen wegen der Aufhebung von VAen, hängt der Rechtsweg davon ab, ob der VA rechtmäßig oder rechtswidrig war. Darum muss diese Prüfung im Grunde genommen schon als Vorfrage i.R.d. Rechtswegzuweisung vorgenommen werden. Allerdings sollte es hier nicht zu einer Vorwegnahme der Begründetheit kommen. Deshalb sollten Sie die Prüfung hier noch nicht in aller Ausführlichkeit vornehmen, denn oftmals wird der Schwerpunkt der Klausur darauf liegen, ob der VA rechtmäßig oder rechtswidrig war.
Zu dem wichtigen Problem des Widerrufs und der Rücknahme von VAen lesen Sie VWR I, Rn. 452 ff.! Die §§ 48, 49 VwVfG eignen sich hervorragend als Gegenstand von Examensklausuren, da schon für die Abgrenzung von Rücknahme und Widerruf eine Inzidentprüfung des ursprünglichen VAs vorzunehmen ist. Lücken können Sie sich hier gerade nicht erlauben.
Bei der Geltendmachung von Entschädigungsansprüchen wegen Rücknahme rechtswidriger VAe stellt sich u.U. das Problem, dass daneben ein Anspruch aus enteignungsgleichem bzw. enteignendem Eingriff vorliegen kann. Für diesen gilt aber § 40 II VwGO, ist also der ordentliche Rechtsweg gegeben. Sieht man die Rücknahme (und nicht die Erteilung) des VAs als Anknüpfungspunkt für den Entschädigungsanspruch, ist allerdings fraglich, ob ein rechtswidriger VA überhaupt eine geschützte eigentumsrechtliche Position darstellen kann, bei deren Entzug Entschädigungsansprüche entstehen.

Die Klageart richtet sich nach dem Klagebegehren. Nach der Legaldefinition des § 42 I Alt. 2 VwGO ist eine Verpflichtungsklage dann statthaft, wenn eine Verurteilung zum Erlass eines abgelehnten oder unterlassenen VA begehrt wird. Es kommt also darauf an, ob die begehrte Leistung einen VA (dann Verpflichtungsklage) oder einen Nicht-VA (dann allgemeine Leistungsklage) darstellt.

An welchem Merkmal scheitert regelmäßig die VA-Qualität einer Auskunft über Tatsachen oder Rechtsfragen?

Es fehlt bei der Auskunftserteilung an dem für einen VA nach § 35 VwVfG notwendigen Regelungscharakter. Eine **Regelung** liegt nur dann vor, wenn die Maßnahme

- nach dem Willen der Behörde darauf gerichtet ist,
- einseitig und verbindlich
- eine unmittelbare Rechtswirkung zu erzeugen, also eine Rechtsfolge zu setzen.

Die Auskunft ist nicht auf die Herbeiführung einer unmittelbaren Rechtsfolge gerichtet, sondern beinhaltet lediglich eine reine „Wissenserklärung". Sie ist ein bloßer Realakt. Im Falle also, dass der Kläger eine Auskunft verlangt, muss er dies im Wege der **allgemeinen Leistungsklage** verfolgen (vgl. zur Auskunft § 25 VwVfG).

hemmer-Methode: Das BVerwG behandelt allerdings die Auskünfte der Ämter für Verfassungsschutz als VAe (BVerwGE 31, 301, 306). Denn hier liegt nach Ansicht des BVerwG der Schwerpunkt nicht in der Auskunft selbst, sondern in der Ermessensentscheidung über die Erteilung der Auskunft. Deshalb ist ausnahmsweise eine Verpflichtungsklage zu erheben. Lesen Sie dazu auch KK 41 und den instruktiven Fall in VWR II, Rn. 176! Theoretisch könnte man diese Rechtsprechung auf jede Auskunftserteilung übertragen, da jeder Auskunft die Entscheidung über deren Erteilung vorangeht. Dies wäre allerdings sehr konstruiert und für den Rechtsschutz des Bürgers nicht erforderlich: Dieser will die Auskunft und keinen VA, dass ihm eine solche zu erteilen ist. Die passende Klageart ist dann eben die allgemeine Leistungsklage und nicht die Verpflichtungsklage. Für den Bürger kann dies sogar vorteilhaft sein, da eine allgemeine Leistungsklage nicht verfristet sein kann und auch ein Vorverfahren nicht durchzuführen ist!

Der mehrstufige VA

Probleme, welche Klageart zu wählen ist, ergeben sich regelmäßig beim mehrstufigen VA. Bei diesem sind mehrere Behörden in Form von Zustimmungen oder Einvernehmen beteiligt, z.B. Einvernehmen der Gemeinde bei der Erteilung der Baugenehmigung nach § 36 I S. 1 BauGB, Zustimmung der obersten Landesstraßenbaubehörde nach § 9 II BFernStrG.

Landwirt L beantragt eine Baugenehmigung für die Errichtung eines Schafstalls im Außenbereich beim LRA. Dieses lehnt den Antrag mit der Begründung ab, die Gemeinde habe ihr nach § 36 I S. 1 BauGB erforderliches Einvernehmen versagt. Der Widerspruch des L blieb erfolglos.

L möchte nun wissen, gegen wen er vorgehen muss.

Was raten Sie ihm?

1. Zu prüfen ist, ob L eine **Klage gegen die Gemeinde** erheben kann mit dem Ziel, diese zur Abgabe des Einvernehmens zu verurteilen.

- Voraussetzung für eine Verpflichtungsklage nach § 42 I Alt. 2 VwGO ist, dass es sich bei dem Einvernehmen um einen VA i.S.d. § 35 VwVfG handelt. Hier könnte es aber an dem Merkmal der unmittelbaren Rechtswirkung nach außen fehlen. Ob einer Maßnahme unmittelbare Außenwirkung zukommt, hängt davon ab, ob sie ihrem objektiven Sinngehalt nach dazu bestimmt ist, Außenwirkung zu entfalten, nicht aber davon, wie sie sich im Einzelfall tatsächlich auswirkt. Im Fall entfaltet nur die Versagung der Baugenehmigung dem L gegenüber unmittelbare Rechtswirkung. Das Einvernehmen betrifft hingegen nur den verwaltungsinternen Bereich und soll nicht darüber hinauswirken. **Somit hat das Einvernehmen keine VA-Qualität; eine Verpflichtungsklage gegen die Gemeinde scheidet aus**.
- Fraglich ist jedoch, ob L eine **allgemeine Leistungsklage** gegen die Gemeinde erheben kann, gerichtet auf die Vornahme des schlicht-hoheitlichen Handelns. Diese scheitert allerdings an der fehlenden Klagebefugnis nach § 42 II VwGO analog: Dem L steht kein subjektives Recht zur Seite, da auf eine Mitwirkungshandlung ohne unmittelbare rechtliche Außenwirkung kein Anspruch besteht. Jedenfalls fehlt einer allgemeinen Leistungsklage das Rechtsschutzbedürfnis, da eine unmittelbar auf die Erteilung der Baugenehmigung gerichtete Klage der effektivere Weg ist, vgl. auch § 44a VwGO.

Somit scheidet eine Klage gegen die Gemeinde aus.

2. L könnte aber eine solche **Klage gegen den Freistaat Bayern** als Rechtsträger des LRA nach Art. 37 I S. 2 BayLKrO erheben auf Verurteilung zum Erlass der Baugenehmigung. In Betracht kommt eine Verpflichtungsklage nach § 42 I Alt. 2 UF 1 VwGO, weil es sich bei der Baugenehmigung um einen VA i.S.d. § 35 VwVfG handelt. L ist auch klagebefugt nach § 42 II VwGO, da sich ein möglicher Anspruch auf Erteilung der Baugenehmigung aus Art. 68 I BayBO ergibt.

Die Gemeinde ist nach § 65 II VwGO notwendig beizuladen. Das Einvernehmen der Gemeinde wird im Rahmen des stattgebenden Vornahmeurteils vom VG ersetzt.

hemmer-Methode: Außenwirkung und damit VA-Qualität wird aber teilweise ausnahmsweise dann bejaht, wenn der mitwirkenden Behörde die ausschließliche Wahrnehmung bestimmter Aufgaben und die Geltendmachung besonderer Gesichtspunkte übertragen ist. Für die allgemeine Leistungsklage auf Erteilung des Einvernehmens fehlt L nicht nur die Klagebefugnis, sondern auch das allgemeine Rechtsschutzbedürfnis. Sein eigentliches Ziel ist die Baugenehmigung und nicht das Einvernehmen. Die Klage auf Erteilung des Einvernehmens ist nicht erforderlich, um sein Ziel zu erreichen, vgl. auch § 44a VwGO.

In dem Fall, dass ein Träger öffentlicher Gewalt eine Maßnahme von einem anderen Träger öffentlicher Gewalt verlangt, kommt es entscheidend darauf an, ob diese Maßnahme einen VA darstellt, denn nur dann ist die Verpflichtungsklage die richtige Klageart.

Gemeinde A hat einen Flächennutzungsplan aufgestellt. Die Aufsichtsbehörde verweigert die nach § 6 I BauGB erforderliche Genehmigung, da ein Verstoß gegen das Abwägungsgebot des § 1 VII BauGB vorliege.

Kann die Gemeinde, nach ggf. erfolglos eingelegtem Widerspruch, im Wege der Verpflichtungsklage die Genehmigung verlangen?

Voraussetzung für eine Verpflichtungsklage ist nach § 42 I Alt. 2 VwGO, dass die Verurteilung zum Erlass eines VA begehrt wird. Fraglich ist nun aber, ob es sich bei der Genehmigung des Flächennutzungsplanes nach § 6 I BauGB um einen VA i.S.d. § 35 VwVfG handelt. Im Falle, dass es sich dabei um eine lediglich behördeninterne Maßnahme handelt, könnte es an der **unmittelbaren rechtlichen Außenwirkung** fehlen.

- Bei der Genehmigung handelt es sich um einen Akt der Kommunalaufsicht. Bei diesen Akten ist hinsichtlich der Außenwirkung zu differenzieren, ob es sich um eine Maßnahme der Rechts- oder der Fachaufsicht handelt. Während es bei letzterer strittig ist, ob Maßnahmen der Fachaufsicht Außenwirkung entfalten, ist dies bei der Rechtsaufsicht nach einhelliger Meinung der Fall: Denn hier ist die Gemeinde in Selbstverwaltungsangelegenheiten als juristische Person des öffentlichen Rechts im eigenen Wirkungskreis betroffen. Rechtsaufsichtsmaßnahmen haben damit Regelungs- und Außenwirkung und besitzen somit VA-Qualität.
- Fraglich ist, ob es sich bei der Genehmigung nach § 6 I BauGB um einen Akt der Rechtsaufsicht handelt. Nach § 2 I S. 1 BauGB werden die Bauleitpläne von der Gemeinde in eigener Verantwortung aufgestellt; damit gehört die Bauleitplanung zum eigenen Wirkungskreis der Gemeinde. Dementsprechend liegt ein Akt der Rechtsaufsicht vor. Damit handelt es sich um einen Verwaltungsakt.
- Somit kann die Gemeinde Verpflichtungsklage auf Erteilung der Genehmigung erheben.

hemmer-Methode: Die VA-Qualität von Maßnahmen der Rechtsaufsicht und der Streit um die der Fachaufsicht sollte Ihnen geläufig sein. Die Frage, ob Rechts- oder Fachaufsicht vorliegt, kann in vielerlei Hinsicht eine Rolle spielen, so z.B. auch beim Widerspruchsbescheid, wenn es darum geht, welche Behörde für dessen Erlass zuständig ist, vgl. § 73 VwGO. Insbesondere im Mündlichen ist dies ein beliebter Prüfungsstoff. Ein Praktiker wird von Ihnen erwarten, dass Sie diesen Streit kennen und erkennen, ob der eigene oder der übertragene Wirkungskreis der Gemeinde betroffen ist. Arbeiten Sie deshalb noch einmal VWR I, Rn. 89 ff. durch.

Die Frage, in welcher Weise Rechtsschutz gegen Nebenbestimmungen zu erlangen ist, ist nach wie vor äußerst umstritten. Es geht darum, ob eine Nebenbestimmung isoliert mit der Anfechtungsklage angefochten werden kann, oder ob die Verpflichtungsklage, gerichtet auf den Erlass eines nebenbestimmungsfreien VA, die richtige Klageart ist. Dies hängt von der rechtlichen Einordnung der Nebenbestimmung ab.

A beantragt eine Baugenehmigung für die Errichtung eines Wohnhauses mit Satteldach. Diese wird ihm erteilt, allerdings unter „der Auflage“, dass anstelle des Satteldachs ein Flachdach zu errichten ist. A möchte aber sein Wohnhaus mit Satteldach versehen.

Was kann er tun?

(Bevor Sie diesen Fall lösen, sollten Sie zu dem komplizierten Gebiet der Nebenbestimmungen die Rn. 407 ff. in VWR I wiederholen.)

Zu prüfen ist, ob A isoliert gegen die „Auflage" mittels der Anfechtungsklage vorgehen kann. Voraussetzung dafür ist, dass es sich bei dem Zusatz um eine Nebenbestimmung (§ 36 VwVfG) handelt, die selbständig anfechtbar ist.

- Hier könnte es sich um eine modifizierte Gewährung handeln: Diese ist keine echte Nebenbestimmung, sondern eine Abwandlung der begehrten Genehmigung. Die Genehmigung weicht insoweit vom Antrag ab, als der Antragsteller etwas anderes erhält, als er beantragt hat (sog. aliud). Dies ist dann der Fall, wenn der Wegfall der modifizierten Bestimmungen einen sinnentleerten VA übriglassen würde. Dagegen kann der Antragsteller nur die Verpflichtungsklage erheben. Der Antrag des A auf Errichtung eines Hauses mit Satteldach wird abgelehnt, stattdessen wurde dem A eine Genehmigung für ein Haus mit Flachdach erteilt. Eine isolierte Anfechtung der „Flachdachauflage" würde keinen Sinn machen, da dann ein Haus ohne Dach übrigbliebe. **Somit liegt eine modifizierte Gewährung vor.**
- Dennoch könnte es sich hier um eine echte Nebenbestimmung handeln, wenn die modifizierte Gewährung derart von einem Anordnungselement überlagert ist, dass dieses der Regelung den Charakter einer Auflage und damit den einer echten Nebenbestimmung gibt. Aus der von der Behörde gewählten Formulierung „ist zu versehen" kann geschlossen werden, dass es ihr wichtig war, den Inhalt der Modifikation selbständig vollstreckbar zu machen. **Damit liegt hier eine modifizierende Auflage vor.** Gegen diese steht trotz Nebenbestimmungseigenschaft nicht die isolierte Anfechtungsklage zur Verfügung, da der Haupt-VA mit der modifizierenden Auflage in einem untrennbaren Zusammenhang steht. **Der A muss vielmehr Verpflichtungsklage erheben mit dem Antrag, die Behörde zum Erlass einer Baugenehmigung gemäß seinem ursprünglichen Antrag zu verurteilen.**

hemmer-Methode: Nicht immer ist es einfach, modifizierte Gewährung und modifizierende Auflage auseinander zu halten. Bzgl. der Klageart ergibt sich auch kein Unterschied, da gegen beide eine isolierte Anfechtungsklage nicht statthaft ist. Allerdings wird der Korrektor von Ihnen erwarten, dass Sie sich mit beiden auseinandersetzen. Welche von beiden Sie dann allerdings bejahen, ist häufig nur Nebensache, solange die Argumentation Ihr Ergebnis rechtfertigt. Zum Teil wird die Existenz einer modifizierenden Auflage in Abrede gestellt und nur von einer modifizierten Gewährung ausgegangen.
Dies gilt insgesamt für Auseinandersetzungen die Nebenbestimmungen betreffend: Es kommt nicht darauf an, sämtliche Meinungsstreitigkeiten in diesem komplizierten und kontrovers diskutierten Gebiet zu kennen. Wenn Sie das Grundprinzip der Unterscheidung zwischen echter und unechter Nebenbestimmung erkannt haben und eine gerade Linie in Ihrer Klausur verfolgen, kann nichts schiefgehen.

Mit der Verpflichtungsklage soll über die Aufhebung des versagenden Bescheids hinaus der Erlass des begehrten VA erreicht werden.

A beantragt eine Baugenehmigung nach dem Außenwirtschaftsgesetz für ein Exportgeschäft. Diese wird abgelehnt. A hält den Ablehnungsbescheid für rechtswidrig und erhebt gegen diesen Anfechtungsklage.

1. **Ist die von A erhobene Anfechtungsklage zulässig?**
2. **Ändert sich die Lösung dann, wenn A zwischenzeitlich kein Interesse mehr an der Genehmigung hat, da die Exportgeschäfte im Moment allgemein schlecht laufen, er aber verhindern will, dass bei veränderter wirtschaftlicher Situation sich die Behörde auf den Ablehnungsbescheid beruft?**

1. Die h.M. sieht die **isolierte Anfechtungsklage** hier als grundsätzlich unzulässig an. Zum einen ist diese schon nicht statthaft, da die Anfechtungsklage gegenüber der Verpflichtungsklage subsidiär ist.

- Zwar wird von einigen Stimmen eingewandt, dass der Kläger auch durch eine Anfechtungsklage zu seinem Ziel komme: Unter Heranziehung der Rspr. der Zivilgerichte zur Zulässigkeit der Feststellungsklage (anstatt Leistungsklage) wird darauf verwiesen, dass von einem Träger öffentlicher Gewalt erwartet werden könne, dass dieser auch aus einem bloßen Aufhebungsurteil ohne dahinterstehenden Vollstreckungsdruck die gebotenen Folgerungen ziehen wird. Dies insbesondere deshalb, weil eine verfassungsrechtlich verankerte Bindung der Behörde an Gesetz und Recht nach Art. 20 III GG besteht. Von daher sei davon auszugehen, dass die Behörde nach Aufhebung des Ablehnungsbescheids von sich aus den begehrten VA erlassen werde.
- Gegen diese Ansicht spricht jedoch, dass damit die Ausnahme zur Regel würde, weil dann in den meisten Fällen eine Anfechtungsklage zulässig wäre. Klagegegner wird vor dem VG nämlich regelmäßig eine Behörde sein. Damit würde die Verpflichtungsklage in Form der Versagungsgegenklage zum größten Teil überflüssig. Dies kann vom Gesetzgeber, der diese ausdrücklich in § 42 I Alt. 2 UF 1 VwGO zur Verfügung gestellt hat, aber nicht gewollt sein.
- Zum anderem fehlt es der Anfechtungsklage am Rechtsschutzbedürfnis, denn mit der Anfechtungsklage gegen den Ablehnungsbescheid erreicht der Kläger nicht sein ursprüngliches Begehren. Er will die Erteilung einer Genehmigung; dies ist aber nur im Wege der Verpflichtungsklage möglich.

Somit ist die von A erhobene Anfechtungsklage unzulässig.

2. Im Fall, dass der A nur momentan das Interesse an der ursprünglich begehrten Genehmigung verloren hat, aber verhindern will, dass die Ablehnung bestandskräftig und damit verbindlich wird, ist nach h.M. **ausnahmsweise die isolierte Anfechtungsklage gegen den Ablehnungsbescheid zulässig.**

hemmer-Methode: Auf das Problem der isolierten Anfechtung sollten Sie nur eingehen, wenn der Sachverhalt genügend Hinweise dafür gibt. Zu denken ist dabei an die Fälle, in denen der Kläger ausdrücklich Anfechtungsklage erhebt (dann Umstellung auf Verpflichtungsklage), oder in seinen mitgeteilten Rechtsansichten deutlich wird, dass er glaubt, es sei ausreichend, gegen den versagenden Bescheid vorzugehen.

Mit dem Begriff der Konkurrentenklage werden Streitigkeiten zwischen der Verwaltung, einem von ihr Begünstigten und dessen Konkurrenten, der infolge der Begünstigung einen Nachteil erleidet, zusammengefasst.

Zum einen gibt es die defensive Konkurrentenklage, bei der die Begünstigung eines Konkurrenten beseitigt werden soll (Anfechtungsklage).

Daneben existiert die offensive Konkurrentenklage: Hier begehrt der Kläger selbst eine Begünstigung (Verpflichtungsklage).

Probleme ergeben sich aber, wenn aus rechtlichen oder tatsächlichen Gründen nur ein einziger begünstigender VA oder nur eine begrenzte Zahl von VAen ergehen kann, wobei die Zahl der Anträge die Zahl der möglichen VAe übersteigt.

Wie kann in solchen Fällen der Kläger den Erlass eines für ihn günstigen VA erreichen?

Probleme bereitet in solchen Fällen die Klageart.

- Mit der Anfechtung der Drittbegünstigung allein ist dem Kläger nicht geholfen, denn damit erhält er ja noch nicht seinen eigenen begünstigenden VA. Aber auch die Verpflichtungsklage hilft ihm allein nicht weiter, denn diese betrifft nur seine eigene Begünstigung, nicht die der anderen Konkurrenten: Der begehrte VA ist aber aufgrund der tatsächlichen oder rechtlichen Grenzen erst dann wieder möglich, wenn die Drittbegünstigung aufgehoben worden ist (z.B. Zulassung zu einer Stadthalle als öffentliche Einrichtung, die für den fraglichen Tag bereits vergeben wurde. Hier ist „gar kein Platz mehr“ für den VA des Klägers).
- Deshalb muss in einem solchen Fall der Kläger zusätzlich zu seiner auf Erlass des angestrebten VA gerichteten Verpflichtungsklage zugleich Anfechtungsklage gegen den zugunsten des Dritten ergangenen VA erheben. Nur dann erreicht er, dass für seinen angestrebten VA wieder Raum ist. Im Falle, dass nicht sicher ist, ob nur die Anfechtung eines VA erfolgreich sein wird, muss der Kläger zugleich mehrere ergangene VAe anfechten; hat dann die Anfechtung in einem Fall Erfolg, so erledigt sich die Hauptsache hinsichtlich der übrigen VAe.

hemmer-Methode: Nach Meinung des BVerwG ist es bei Begünstigungen bspw. im Güterfernverkehrsrecht für den erfolglosen Bewerber ausreichend, allein die Verpflichtungsklage zu erheben. Für diese Lösung spricht insgesamt das Gebot des effektiven Rechtsschutzes nach Art. 19 IV GG, da im Güterfernverkehr meist nicht eine, sondern eine Vielzahl von Konzessionen vergeben werden. Dem Abgewiesenen kann nicht zugemutet werden, mehrere VAe anzufechten, nur um eine Genehmigung zu erhalten. In diesem Fall ist eine Verpflichtungsklage in Form der Verbescheidungsklage zu erheben, § 113 V S. 2 VwGO. Die Behörde wird ggf. verurteilt, über den Antrag des Klägers neu zu entscheiden, und muss sich dabei auch überlegen, von sich aus eine Genehmigung für einen der Konkurrenten aufzuheben.

Was hier auf den ersten Blick schwierig erscheint, löst sich sauber, wenn Sie ganz genau beachten, was der Kläger will und welche Auswirkung die einzelne Klage hat: Mittels der Anfechtungsklage kann ein VA nur aufgehoben, nicht aber erlangt werden. Die Verpflichtungsklage ist gerichtet auf Erlass eines VA, der aber in diesen Fällen im Grunde nicht möglich ist, da die Anzahl der begünstigenden VAe ausgeschöpft ist. Erst die Verknüpfung der beiden macht es möglich, dass der Kläger sein Ziel erreicht. Eine Auseinandersetzung über das Gebot des effektiven Rechtsschutzes sollte erfolgen, doch bleiben Sie bei der oben aufgezeigten Lösung.

Auch bei der Besetzung einer Beförderungsstelle kann es zu einem Konkurrenzverhältnis zwischen den Mitbewerbern kommen. Grundsätzlich muss auch hier im Hinblick auf den Grundsatz des effektiven Rechtsschutzes nach Art. 19 IV GG eine Klagemöglichkeit für den abgewiesenen Bewerber bestehen.

Ab welchem Zeitpunkt erlischt eine Klagemöglichkeit bei der Besetzung von Dienstposten?

Nach der Rspr. gibt es ab der vollzogenen Ernennung des Konkurrenten keine Rechtsmittel des um den gleichen Dienstposten erfolglos konkurrierenden Bewerbers.

- Die **Anfechtungsklage** des Konkurrenten scheidet nach früherer Rechtsprechung wegen des Grundsatzes der Ämterstabilität ab dem Zeitpunkt der Ernennung aus. Auch stelle die Ernennung keinen VA mit Drittwirkung dar. Ein Bewerber habe keinen Anspruch auf Übernahme in das Beamtenverhältnis oder auf Beförderung. Er habe nur einen Anspruch auf eine Wahl nach sachlichen Gesichtspunkten (Art. 33 II GG: Eignung, Befähigung, fachliche Leistung). Somit sei der erfolglose Mitbewerber nicht klagebefugt, da keine subjektive Rechtsverletzung vorliegen könne. Nach neuerer Rechtsprechung ist eine Drittanfechtungsklage hingegen dann zulässig, wenn es dem Bewerber aufgrund eines Fehlers der Behörde unmöglich war, seine Rechte bereits im Auswahlverfahren geltend zu machen.
- Die **Verpflichtungsklage** hingegen scheitert am fehlenden Rechtsschutzbedürfnis, wenn nach Ernennung des Konkurrenten kein zu vergebender Dienstposten mehr zur Verfügung steht, diese Ernennung also nicht ausnahmsweise anfechtbar ist.
- Eine **Fortsetzungsfeststellungsklage** kommt meist nicht in Betracht: Regelmäßig liegt weder Wiederholungsgefahr noch Rehabilitationsinteresse vor.
- Für Art. 19 IV GG lässt die Rspr. den **vorläufigen Rechtsschutz nach § 123 VwGO** vor der Ernennung des Mitbewerbers genügen. Der Eilantrag ist gerichtet auf die Unterlassung der Ernennung. Damit der Beamte diesen Antrag stellen kann, muss die Ernennungsbehörde dem Mitbewerber rechtzeitig vor der Ernennung mitteilen, dass sie beabsichtigt, den Konkurrenten zu befördern. Unterlässt die Behörde diese Mitteilung, kommt ausnahmsweise eine Drittanfechtung in Betracht, s.o.
- Die entsprechende Mitteilung der Ernennungsbehörde ist ein VA. Um deren Bestandskraft zu verhindern, hat der unterlegene Bewerber deshalb zusätzlich zum Antrag nach § 123 VwGO hiergegen **Widerspruch** einzulegen. Er muss also „zweigleisig" vorgehen, um sein Rechtsschutzziel erreichen zu können.

hemmer-Methode: Das Problem der beamtenrechtlichen Konkurrentenklage nach Ernennung dürfte in Examensklausuren eher selten auftauchen. In manchen Bundesländern ist das Beamtenrecht allerdings Teil eines Schwerpunktbereiches. Dort kann dieses Wissen von Ihnen erwartet werden.

Das Gesetz regelt in § 42 II VwGO die Klagebefugnis. Zweck dieser Vorschrift ist es, Popularklagen auszuschließen.

Was reicht nach h.M. für die Bejahung der Klagebefugnis aus, und woraus ergibt sich die subjektive Rechtsverletzung bei der Verpflichtungsklage?

Für das Geltendmachen der Rechtsverletzung i.S.v. § 42 II VwGO ist erforderlich, aber auch ausreichend, dass nach dem Sachvortrag des Klägers eine Verletzung seiner subjektiven Rechte möglich erscheint, **sog. Möglichkeitstheorie.** Dies ist dann nicht der Fall, wenn offensichtlich und eindeutig nach keiner Betrachtungsweise die vom Kläger behaupteten Rechte bestehen. Ob tatsächlich eine Rechtsverletzung vorliegt, ist eine Frage, die erst i.R.d. Begründetheit entschieden werden darf.

Bei der Verpflichtungsklage erscheint eine Verletzung eines subjektiven Rechts dann möglich, wenn der Kläger möglicherweise einen Anspruch auf den begehrten VA hat. (Auch hier ist Frage, ob der Anspruch tatsächlich besteht, eine solche, die erst in der Begründetheit zu prüfen ist.)

- Ein solcher Anspruch kann sich aus einfachgesetzlichen Rechtsvorschriften ergeben, die dem Antragsteller ein subjektives Recht vermitteln (z.B. Art. 68 I BayBO bzgl. Baugenehmigung, § 4 I GastG bzgl. Gaststättenerlaubnis).
- Ob die Grundrechte unmittelbar als Anspruchsgrundlage in Betracht kommen, muss immer gesondert geprüft werden. Dabei ist zu beachten, dass die Grundrechte grundsätzlich Abwehrrechte gegen den Staat darstellen. Ob sie darüber hinaus auch Leistungs- und Teilhabeansprüche an staatlichen Maßnahmen der Daseinsvorsorge gewähren, ist umstritten, wird aber wohl von der (noch) h.M. abgelehnt, da die Grundrechte nur eine objektiv-rechtliche Verpflichtung des Staates zum Tätigwerden begründen. Ein originärer Anspruch direkt aus den Grundrechten wird demnach nur ausnahmsweise und dann meist auch nur in Verbindung mit dem Sozialstaatsprinzip bejaht, bspw. auf Zulassung zum Studium. Anders stellt sich die Situation dar, wenn bereits einem Dritten eine Leistung gewährt wurde. Hier kann ohne weiteres auf Art. 3 I GG als Anspruchsgrundlage abgestellt werden, sog. derivativer Anspruch.

hemmer-Methode: Wohl aber können die Grundrechte zusätzlich zur Begründung der Klagebefugnis herangezogen werden bei Ansprüchen, die einem präventiven Verbot mit Erlaubnisvorbehalt unterstehen. Dort ist der Erlaubnisvorbehalt Ausfluss der Freiheitsgrundrechte (z.B. bei Nichterteilung der Baugenehmigung kann neben Art. 68 BayBO auch Art. 14 GG verletzt sein.)
Lesen Sie insgesamt zu dieser Problematik StaatsR I, Rn. 87 ff. Die Funktion der Grundrechte muss Ihnen vertraut sein. Wie Sie sehen, können diese auch in der ganz „normalen" Verwaltungsrechtsklausur relevant werden.

Eine Norm, welche der Behörde ein Ermessen einräumt, gibt grundsätzlich – wenn überhaupt – nur einen Anspruch auf pflichtgemäße Verbescheidung. Ein Anspruch auf Erlass des VA besteht nur ausnahmsweise.

Wann ist dies der Fall?

1. Ein Anspruch auf Erlass des VA ergibt sich bei einer Ermessensnorm nur dann, wenn das Ermessen auf Null reduziert ist, d.h. wenn jede andere als die begehrte Entscheidung ermessensfehlerhaft wäre, und die Ermessensnorm nicht nur dem öffentlichen Interesse, sondern auch dem Interesse des betroffenen Bürgers zu dienen bestimmt ist.

Eine Ermessensreduktion auf Null liegt vor, wenn

- die Behörde eine Zusage gemacht hat, die noch Bestand hat;
- bei Selbstbindung der Verwaltung;
- evtl. bei auf früheren VAen aufbauenden VAen (sog. Ketten-VAe) wegen des rechtsstaatlichen Gedankens des Vertrauensschutzes;
- wenn keine Gesichtspunkte ersichtlich sind, welche gegen die Entscheidung sprechen, oder
- die Gesichtspunkte ein so geringes Gewicht haben, dass es offensichtlich fehlgewichtet wäre, auf sie abzustellen.

2. Falls keine Ermessensreduktion auf Null und damit kein Anspruch auf Erlass des VA in Betracht kommt, kann zumindest ein **Anspruch auf fehlerfreie Ermessensausübung** bestehen. Voraussetzung für einen solchen Anspruch ist allerdings, dass die betreffende Norm die Ermessensbetätigung nicht nur kraft objektiven Rechts anordnet, sondern zumindest auch ein subjektives Recht gewährt, da ein allgemeiner, genereller Anspruch auf fehlerfreie Ermessensausübung nicht besteht.

hemmer-Methode: In den Fällen, in denen es darum geht, ob der Kläger einen Anspruch auf fehlerfreie Ermesenausübung hat, gehen Sie am besten folgendermaßen vor:
1. Suchen Sie eine entsprechende Norm!
2. Dient diese (auch) dem Interesse des Einzelnen?
3. Dient sie auch gerade dem Schutz des Klägers? (Vgl. VWR I, Rn. 119 ff.)
Relevant wird diese Problematik oftmals im Polizeirecht, wenn es darum geht, ob ein Anspruch des Bürgers auf Einschreiten besteht. Gerade aber im Polizeirecht besteht aufgrund des Opportunitätsgrundsatzes häufig ein Ermessen der Polizei, ob diese einschreiten will. Dann muss i.R.d. Klagebefugnis oben gezeigte Auseinandersetzung erfolgen.

Aus § 68 II VwGO sowie aus § 75 S. 1 VwGO folgt, dass eine Klage ohne vorhergegangenes Vorverfahren zulässig sein kann (Verpflichtungsklage als Untätigkeitsklage).

Muss noch ein Vorverfahren durchgeführt werden, wenn nach Erhebung der Untätigkeitsklage die Behörde einen ablehnenden Bescheid erlässt?

Bei der Beantwortung der Frage sind zwei Fälle zu unterscheiden:

1. Wenn die Klage **nach Ablauf der Sperrfrist des § 75 S. 2 VwGO erhoben** wurde, ist sie zulässig, da sie dann ohne Vorverfahren erhoben werden darf. Es bedarf dann keines neuen Vorverfahrens gegen den erst nachträglich ergangenen VA, denn dem Kläger kann die bereits zulässige Klage nicht wieder genommen werden. (Das Gericht kann hier auch nicht nach § 75 S. 3 VwGO aussetzen, da eine Entscheidung der Behörde bereits gefallen ist.)

2. Wenn die Klage **vor Ablauf der Sperrfrist erhoben** wird und das Gericht das Verfahren nach § 75 S. 3 VwGO aussetzt: Wird der begehrte VA während der Sperr- bzw. Aussetzungsfrist abgelehnt, **muss nach h.M. das Vorverfahren durchgeführt werden,** da bei Klageerhebung nicht alle Voraussetzungen des § 75 VwGO erfüllt waren. Trotzdem darf die Klage dann nicht als unzulässig abgewiesen werden, da regelmäßig bis zum Erlass des Ablehnungsbescheides die Frist des § 75 S. 2 VwGO abgelaufen ist (§ 75 VwGO ist wie das abgeschlossene Vorverfahren nur Sachurteilsvoraussetzung, muss also erst im Zeitpunkt der letzten mündlichen Verhandlung vorliegen). Vielmehr muss dann das Gericht das Verfahren weiter bis zum Ablauf einer von ihm bestimmten Frist aussetzen, um eine Durchführung des Vorverfahrens zu ermöglichen.

- Nach e.A. wird der erforderliche Widerspruch allerdings durch die weiterhin anhängige Klage ersetzt bzw. im Hinblick darauf entbehrlich, dass der ablehnende Bescheid gleichsam schon bei seinem Erlass mit dem in der Untätigkeitsklage antizipierten Widerspruch behaftet ist.
- Nach a.A. kann ein vorgeschriebener Widerspruch wegen der objektiven Funktion des Vorverfahrens und seiner förmlichen Ausgestaltung in der VwGO nicht durch die Klage ersetzt werden. Das Vorverfahren sei vielmehr nachzuholen.

Auch bei der Versagungsgegenklage kann diese Problematik auftreten, nämlich in den Fällen, in denen zwar ein Ausgangsbescheid vor Klageerhebung erlassen wurde, die Widerspruchsbehörde aber auf den eingelegten Widerspruch nicht reagiert.

hemmer-Methode: Lesen Sie den § 75 VwGO sorgfältig durch und machen Sie sich klar, dass dieser zusätzliche Sachentscheidungsvoraussetzungen nennt, so z.B. in Satz 1 „ohne zureichenden Grund in angemessener Frist", in Satz 2 die Drei-Monats-Frist oder die besonderen Gründe, wegen denen eine kürzere Frist geboten ist. Beachten Sie dabei, dass § 75 S. 1 Alt. 1 VwGO nur für die Anfechtungsklage und die Versagungsgegenklage Bedeutung hat, da bei der Untätigkeitsklage ein Vorverfahren ohnehin entfällt.

Begründetheit

Die Begründetheit der Verpflichtungsklage richtet sich nach § 113 V VwGO.

Zu unterscheiden ist zwischen dem sog. Vornahmeurteil nach § 113 V S. 1 VwGO und dem sog. Bescheidungsurteil nach § 113 V S. 2 VwGO. Ersteres verlangt, dass „die Sache spruchreif ist“.

1. **Was bedeutet Spruchreife?**
2. **In welchen Fällen wird i.d.R. die Sache nicht spruchreif sein?**

1. Spruchreif ist eine Sache dann, wenn das Gericht alle für die Entscheidung maßgeblichen tatsächlichen und rechtlichen Voraussetzungen kennt und damit zum Erlass der endgültigen Entscheidung im Stande ist.

2. Grundsätzlich ist das Gericht aufgrund des Untersuchungsgrundsatzes nach § 86 VwGO selbst verpflichtet, die Streitsache in vollem Umfang spruchreif zu machen. Es gibt jedoch Fälle, in denen das Gericht dazu nicht in der Lage ist:

- bei **gebundenen Entscheidungen**, wenn für die Spruchreife noch umfangreiche Prüfungen und Ermittlungen vorzunehmen sind, die typischerweise von der Verwaltung erledigt, also nicht vom Gericht im Wege des Amtsermittlungsgrundsatzes geklärt werden. Grund findet dies im Gewaltenteilungsprinzip. Allerdings ist hier im Hinblick auf den Grundsatz des effektiven Rechtsschutzes Zurückhaltung geboten. Auch an die analoge Anwendung des § 113 III VwGO auf die Verpflichtungsklage kann gedacht werden.
- bei **Ermessensentscheidungen** ist das Gericht nicht berechtigt, sein Ermessen an die Stelle des Ermessens der Behörde zu setzen, siehe auch § 114 VwGO. Dem Gericht steht es nicht zu, eigene Zweckmäßigkeitsüberlegungen anzustellen. In diesen Fällen hat ein Bescheidungsurteil zu ergehen.

  Eine Ausnahme besteht nur in den Fällen, in denen das Ermessen auf Null reduziert ist. Dann ist das Gericht trotz des Ermessenstatbestandes befugt, die Behörde zu verpflichten, einen bestimmten VA zu erlassen.

- bei Fällen, in denen der Verwaltung ein **gerichtlich anerkannter Beurteilungsspielraum** zusteht. Auch in diesem Fall würde das Gericht in die Kompetenzen der Verwaltung eingreifen. I.d.R. wird ein Bescheidungsurteil ergehen (vgl. VWR I, Rn. 338 ff.). Diese Fälle sind vergleichbar Ermessensentscheidungen zu behandeln.

hemmer-Methode: Verdeutlichen Sie sich, dass bei der Verpflichtungsklage ein Vornahmeurteil oder ein Bescheidungsurteil begehrt wird. Lesen Sie dazu noch einmal genau den § 113 V VwGO. In Satz 1 richtet sich der Antrag auf Erlass eines bestimmten VA, in Satz 2 darauf, den Kläger neu zu bescheiden. Dies muss bereits in Ihrem Obersatz deutlich werden. Lesen Sie dazu VWR II, Rn. 58, 59. Wer hier „wackelt", zeigt, dass er den Unterschied zwischen § 113 V S. 1 VwGO und § 113 V S. 2 VwGO nicht verstanden hat.
Bedenken Sie aber, dass die „Bescheidungsklage" keine eigene Klageart ist, sie ist eine „normale" Verpflichtungsklage, bei der der Antrag nur auf Neuverbescheidung und nicht auf Erlass des VAs gerichtet ist. Hintergrund dieser Beschränkung des Antrags ist, dass bei einer Klage auf Erlass ein Fall des teilweisen Unterliegens und damit der teilweisen Kostentragungspflicht vorliegt, wenn nur ein Verbescheidungsurteil ergeht.

Die Zusicherung als Anspruch

Bei der Verpflichtungsklage begehrt der Kläger die Verurteilung der Behörde zum Erlass eines bestimmten VA. Als Anspruchsgrundlage kann auch die Zusicherung einer Behörde nach § 38 VwVfG in Betracht kommen. In diesen Fällen stützt der Antragsteller seinen Anspruch darauf, dass ihm der Erlass des begehrten VA zugesichert worden sei.

In der Prüfung wird oftmals die Abgrenzung von Auskunft und Vorbescheid vorzunehmen sein. Zu denken ist auch an die konkludente Rücknahme der Zusicherung.

Grenzen Sie die Zusicherung von der Auskunft und dem Vorbescheid ab!

1. Abgrenzung: Zusicherung und Auskunft

Im Gegensatz zur Zusicherung stellen Auskünfte keine verbindliche Festlegung der Behörde hinsichtlich ihres künftigen Verhaltens dar und begründen daher i.d.R. auch keinen Anspruch auf entsprechendes Verhalten. Während es sich bei der Zusicherung nach mittlerweile h.M. um einen VA mit Verpflichtungswillen handelt, stellt die Auskunft einen Realakt dar, der sich in der Mitteilung des Wissens erschöpft und sich vom VA durch das Fehlen des Verpflichtungswillens unterscheidet.

Eine Abgrenzung zwischen den beiden ist nach dem objektiven Empfängerhorizont vorzunehmen.

Darüber hinaus bietet die Schriftform noch ein äußerliches Indiz. Diese ist nach § 38 I S. 1 VwVfG unabdingbare Wirksamkeitsvoraussetzung für die Zusicherung. Eine Auskunft kann sowohl schriftlich als auch mündlich ergehen.

2. Abgrenzung: Zusicherung und Vorbescheid

Der Vorbescheid (z.B. § 9 BImSchG, Art. 71 BayBO) unterscheidet sich dahingehend von der Zusicherung, dass nicht ein künftiger VA in Aussicht gestellt wird, sondern bereits über einen Teil der in dem VA zu entscheidenden Fragen vorweg endgültig entschieden wird. Die Behörde darf nach Bestandskraft des Vorbescheids die dort entschiedenen Teilfragen nachträglich nicht mehr anders beurteilen. Die Bindungswirkung des Vorbescheids, der selbst VA ist, richtet sich nach § 43 II VwVfG. Danach besteht diese, solange der Vorbescheid nicht zurückgenommen, widerrufen, aufgehoben oder erledigt ist. Die Aufhebung richtet sich demgemäß nach §§ 48, 49 VwVfG, während bei der Zusicherung die Bindungswirkung kraft Gesetzes entfällt bei Änderung der Sach- und Rechtslage, vgl. § 38 III VwVfG. Es bedarf keiner weiteren Akte oder Erklärungen der Behörde.

hemmer-Methode: Die Abgrenzung zwischen Zusicherung, unverbindlicher Auskunft und Vorbescheid ist ein klassisches Problem. Ungenauigkeiten werden Ihnen deshalb hier besonders übelgenommen. Machen Sie sich auch noch einmal die Unterschiede bzgl. der Bindungswirkung klar. Diese Probleme sind geradezu dafür prädestiniert, um in einer Verpflichtungsklage untergebracht zu werden.

Bei der Anfechtungsklage ist maßgeblicher Zeitpunkt für die Entscheidung über das Anfechtungsbegehren grundsätzlich die letzte Behördenentscheidung. Dies wird i.d.R. der Widerspruchsentscheid sein.

Auf welchen Zeitpunkt hat das Gericht bei seiner Entscheidung bei der Verpflichtungsklage abzustellen?

Bei Leistungsurteilen kommt es regelmäßig auf die Sach- und Rechtslage zur Zeit der Entscheidung an. Dies wird i.d.R. die letzte mündliche Verhandlung sein.

Denn anders als bei der Anfechtungsklage ist nicht die Rechtslage zum Zeitpunkt des ablehnenden VA, sondern zum Zeitpunkt der Verpflichtung der Behörde maßgeblich: Auch wenn zum Zeitpunkt der letzten Behördenentscheidung ein Anspruch bestanden hätte, der Erlass eines VA aber nun aufgrund einer Änderung der Rechts- oder Sachlage nicht mehr möglich ist, so müsste die Behörde einen VA erlassen, den sie sogleich nach § 48 VwVfG wieder zurückzunehmen hätte.

Allerdings gibt es Fälle, in denen aufgrund des Zwecks einer Vorschrift oder aus der Natur der Sache auch bei der Verpflichtungsklage auf einen früheren Zeitpunkt abgestellt werden muss.

- Insbesondere gehören hierzu die Fälle, in denen der Kläger einen **Anspruch auf dauernde Leistungen** geltend macht, z.B. Versorgungsansprüche, BAföG. Dann ist die jeweilige Sach- und Rechtslage für den Zeitraum maßgeblich, für den die Leistung begehrt wird.
- Auch bei den **sog. Zeitabschnittsgesetzen** und ähnlichen Regelungen (z.B. Zulassung zu einem Studium) wird nicht auf die letzte mündliche Verhandlung abgestellt. Denn in diesen Fällen erstreckt die neue gesetzliche Regelung ihren zeitlichen Geltungswillen ausdrücklich oder nach ihrem Sinn und Zweck nicht auf den noch nach altem Recht beantragten VA. Hier ist folglich die frühere Rechtslage maßgeblich.
- Auch bei **VAen mit Doppelwirkung** darf sich eine nachträgliche Rechtsänderung im Zweifel nicht mehr zu Lasten des durch den VA Begünstigten auswirken. Z.B. wird bei einer Verpflichtungsklage auf Auferlegung zusätzlicher Beschränkungen zu der dem Nachbarn erteilten Genehmigung auf den Zeitpunkt der letzten Behördenentscheidung abgestellt. Dass die von dem Dritten begehrte Beschränkung nach neuer Rechtslage zulässig wäre, darf zum Schutz des Begünstigten nicht berücksichtigt werden.

hemmer-Methode: Merken Sie sich als „Faustregel", dass für die Entscheidung bei der Verpflichtungsklage grundsätzlich der Zeitpunkt der letzten mündlichen Verhandlung maßgeblich ist. Die oben gezeigten Ausnahmen müssen Ihnen nicht in jeder Kleinigkeit bekannt sein. Wichtig ist dann nur eine gute Argumentation. Ausgangspunkt: Der maßgebliche Zeitpunkt ist eine Frage des materiellen Rechts! Beginnen Sie auch in der Klausur Ihre Prüfung mit dieser Formel.

Wiederaufgreifen des Verfahrens § 51 VwVfG

§ 51 VwVfG stellt dem durch einen unanfechtbaren VA Betroffenen einen außerordentlichen Rechtsbehelf zur Verfügung, der darauf gerichtet ist, die bereits eingetretene Unanfechtbarkeit des VA zu beseitigen und eine neue, für ihn günstigere Sachentscheidung herbeizuführen.

G beantragte und erhielt eine Landesbeihilfe zur Umrüstung seines Betriebes auf Nutzung von Solarenergie. Grundlage war ein Kostenvoranschlag i.H.v. 470.000,- €. Nach Abschluss der Baumaßnahme legte G eine Schlussrechnung samt Rechnungsaufstellung über 500.000,- € vor. Daraufhin bewilligte das Land dem G mit Bescheid vom 09.01.18 eine zusätzliche Beihilfe i.H.v. 30.000,- €. Mit Schreiben vom 25.05.18 beantragte G die Erhöhung der Beihilfe, weil in der Schlussabrechnung irrtümlich Kosten i.H.v. 20.000,- € nicht aufgeführt waren. Die entsprechenden Belege liegen bei. Dies lehnt die Behörde mit Bescheid vom 13.07.18 ab, da Bestandskraft eingetreten sei.

G möchte klagen. Welche Klageart ist statthaft?

Die Klageart richtet sich nach dem Klagebegehren. Hier geht es dem G um den Erlass eines neuen begünstigenden Bescheids.

1. Damit könnte die **Verpflichtungsklage als Versagungsgegenklage gem. § 42 I Alt. 2 UF 1 VwGO** richtige Klageart sein. Einer Versagungsgegenklage hinsichtlich des Bescheids vom 09.01.18 steht aber dessen formelle Bestandskraft entgegen. Bei dem Antrag des G handelt es sich auch nicht um einen sog. „Zweitantrag", da ihm kein neuer Sachverhalt zugrunde liegt, sondern nur neue Rechnungsbelege als Beweismittel vorgelegt wurden.

2. In Betracht kommt aber eine **Klage gerichtet auf Verurteilung zur Entscheidung über die Änderung des Bescheids** (Wiederaufgreifen des Verfahrens nach § 51 I S. 1 Nr. 2 VwVfG). Da es sich bei der Weigerung der Behörde, in eine erneute Sachentscheidung einzusteigen, nicht um eine bloße „wiederholende Verfügung", sondern als verfahrensrechtliche Regelung um einen VA handelt, ist auch die positive Entscheidung des Wiederaufgreifens nach der actus-contrarius-Theorie ein VA. Damit kann das Wiederaufgreifen mit Hilfe der **Verpflichtungsklage begehrt werden.**

3. Allerdings geht es dem G letztendlich darum, dass das Land verurteilt wird, ihm die höhere Beihilfe zu bewilligen. Fraglich ist somit, ob der G **zwei Verpflichtungsklagen erheben muss – eine auf Wiederaufgreifen des Verfahrens und eine auf positive Sachentscheidung.**

Nach Ansicht des BVerwG stellt das Wiederaufgreifen zwar ein eigenständiges Verwaltungsverfahren dar, allerdings sei dieses nur eine Vorfrage für die neue Sachentscheidung: Die Verfahrensvoraussetzungen des § 51 VwVfG seien lediglich besondere Zulässigkeitsvoraussetzungen für eine einheitliche Sachentscheidung. Demnach sei es möglich, sofort Verpflichtungsklage mit dem Ziel der „Änderung" der Ausgangsentscheidung zu erheben. Diese Ansicht korrespondiert mit dem Wortlaut des § 51 VwVfG und ist prozessökonomisch.

Damit ist die Verpflichtungsklage die richtige Klageart.

hemmer-Methode: Fehlt es an einem Wiederaufgreifensgrund nach § 51 I VwVfG, kommt auch ein Antrag auf Widerruf oder Rücknahme des Erstbescheides nach §§ 48, 49 VwVfG in Betracht, vgl. § 51 V VwVfG (KK 22). Lesen Sie zur wiederholenden Verfügung VWR II, Rn. 89!

Im Falle, dass der Kläger eine Verpflichtungsklage auf Wiederaufgreifen des Verfahrens nach § 51 VwVfG erhebt, ist die Klage begründet, wenn er sowohl einen Anspruch auf Änderung der ursprünglichen Sachentscheidung nach § 51 VwVfG als auch in der Sache einen Anspruch auf den begehrten Verwaltungsakt hat, § 113 V VwGO. Dazu muss der Wiederaufgreifensantrag des Klägers den Voraussetzungen des § 51 I, II VwVfG entsprechen und die Behörde nach materiellem Recht zur begehrten Sachentscheidung verpflichtet sein.

Prüfen Sie die Begründetheit zum Beispielsfall auf Karteikarte 20!

Nehmen Sie dabei an, dass der G bemerkte, dass einige Rechnungsbelege fehlten, er aber nach kurzer Zeit die Suche aufgab und sich später darum kümmern wollte, was er dann aber vergaß.

Zu prüfen ist, ob ein Antrag auf Wiederaufgreifen begründet ist. Dies ist ein Fall, wenn ein **Wiederaufgreifensgrund nach § 51 I VwVfG** vorliegt. In Betracht kommt § 51 I Nr. 2 VwVfG:

- Dann müssten die nach Abschluss des Bewilligungsverfahrens vorgelegten Rechnungen neue Beweismittel i.S.d. § 51 I Nr. 2 VwVfG sein. Dazu gehören nicht nur solche, die erst nach dem Abschluss des Verfahrens entstehen, sondern auch solche, die schon während des Verfahrens vorhanden waren, aber ohne Verschulden des Betroffenen nicht oder nicht rechtzeitig beigebracht werden konnten (BVerwG, NJW 82, 2204). Hier waren die Rechnungen schon während des Verwaltungsverfahrens existent.
- Fraglich ist damit, ob sie aufgrund Verschuldens des G nicht beigebracht werden konnten. Der Grad des Verschuldens richtet sich nach § 51 II VwVfG, d.h. nur bei grobem Verschulden ist die Beachtlichkeit bereits vorhandener Beweismittel ausgeschlossen. Grob fahrlässig handelt, wer die im Verkehr erforderliche Sorgfalt in besonders schwerwiegender Weise außer Acht lässt. Da dem G das Vorhandensein der Rechnungsbelege bekannt war, er diese verlegt hat und sich nicht besonders um deren Auffindung kümmerte, hat er die gebotene Sorgfalt in besonders grobem Maße außer Acht gelassen.

Damit ist der Antrag des G auf Wiederaufgreifen unbegründet. Ein Anspruch auf Gewährung der Beihilfe kann mittels dieses Verfahrens nicht durchgesetzt werden.

hemmer-Methode: Grundsätzlich besteht der Prüfungsaufbau bei § 51 VwVfG aus Zulässigkeit und Begründetheit des Antrags auf Wiederaufgreifen. In der Zulässigkeit sind dann grds. die Nichtanfechtbarkeit des VA, das Verschulden nach § 51 II VwVfG (soweit dies nicht gegen den Wortlaut als Frage der Begründetheit gesehen wird) und die Einhaltung der Frist des § 51 III VwVfG zu prüfen. In der Begründetheit wird dann geprüft, ob ein Grund i.S.d. des § 51 I VwVfG tatsächlich vorliegt. Weiterhin wird i.R.d. § 51 I Nr. 1 u. 2 VwVfG relevant, ob die Verwaltungsentscheidung durch das Vorliegen des Grundes zugunsten des Antragstellers ausgefallen wäre (Lesen Sie dazu VWR II, Rn. 94, 95!). Im vorliegenden Fall hätten Sie sich bei Einhaltung des Schemas einen interessanten Aspekt in der Prüfung abgeschnitten, nämlich die Frage, ob schon vorhandene Beweismittel als „neue Beweismittel" i.S.d. § 51 VwVfG gelten können. Denn der Antrag wäre gleich in der Zulässigkeit am offensichtlichen Verschulden gescheitert.
Machen Sie sich unbedingt klar, dass, auch wenn der Antrag nach § 51 VwVfG zwischen Zulässigkeit und Begründetheit unterscheidet, dies alles i.R.d. der Begründetheit der Verpflichtungsklage zu prüfen ist.

Wiederaufgreifen aus §§ 48, 49 VwVfG

Der § 51 VwVfG stellt keine abschließende Regelung dar; vielmehr kann sich auch unter bestimmten Voraussetzungen aus den §§ 48, 49 VwVfG ein Anspruch auf Wiederaufgreifen und Erlass der begehrten Entscheidung ergeben (vgl. § 51 V VwVfG). Zumindest hat der Bürger einen Anspruch auf ermessensfehlerfreie Entscheidung über die Frage, ob in eine erneute Sachprüfung eingetreten werden soll, denn die §§ 48, 49 VwVfG dienen auch dem Interesse des Einzelnen.

Ein Anspruch auf Wiederaufgreifen und positive Sachentscheidung besteht nur dann, wenn das Ermessen auf Null reduziert ist.

Fall von Karteikarte 20.

Hat der G einen Anspruch auf Aufhebung des Bescheids und Erlass des begehrten Nachbewilligungsbescheids aus §§ 48, 49 VwVfG?

1. G könnte einen **Anspruch auf Aufhebung des Bescheids nach § 48 I VwVfG oder § 49 I VwVfG** haben. Die allgemeinen Aufhebungsvorschriften sind auch neben dem § 51 VwVfG anwendbar, was durch § 51 V VwVfG klargestellt wird. Die Behörde kann somit unabhängig von einem Verfahren nach § 51 I VwVfG den in Frage stehenden VA zurücknehmen bzw. widerrufen, wenn die Voraussetzungen des § 48 VwVfG bzw. des § 49 VwVfG vorliegen. Allerdings liegt die Entscheidung über Rücknahme oder Widerruf gem. § 48 I S. 1 VwVfG und § 49 I VwVfG im pflichtgemäßen Ermessen der Behörde. Ein Anspruch des G kommt nur dann in Betracht, wenn das Ermessen auf Null reduziert ist. Für eine solche Ermessensreduzierung, die nur in Ausnahmefällen zur Vermeidung absolut untragbarer Härten und irreversibler schwerer Schäden anzunehmen ist, gibt der vorliegende Sachverhalt aber keine Anhaltspunkte.

2. Der G könnte aber einen **Anspruch auf fehlerfreie Ermessensentscheidung** haben. Da die §§ 48, 49 VwVfG zumindest auch den Schutz von Individualinteressen bezwecken, besteht ein solcher. Dieser könnte bereits durch den Bescheid vom 13.07.2018 erfüllt sein. Voraussetzung für die Erfüllung ist, dass der Bescheid rechtmäßig war.

- Fraglich ist, ob die Behörde, als sie auf die bereits eingetretene Bestandskraft verwies, ihr Ermessen fehlerfrei ausgeübt hat. Es könnte ein Ermessensausfall vorliegen. Dabei ist zu berücksichtigen, dass die Bestandskraft der Rechtssicherheit und dem Rechtsfrieden dienen soll. Der VA soll als hoheitliche Regelung dauerhaft und verbindlich sein und nicht aus jedem beliebigen Anlass geändert werden.
- Deshalb nimmt die h.M. an, dass es grundsätzlich ausreichend ist, wenn die Behörde auf die Bestandskraft des VA verweist. Nur in dem Fall, dass der Antragsteller rechtliche oder tatsächliche Gründe vorträgt, die bislang nicht hinreichend beachtet wurden, muss die Behörde die Gründe, die für und gegen ein Wiederaufgreifen sprechen, prüfen und diese gegeneinander abwägen. Im vorliegenden Fall hat G neue Beweismittel vorgetragen. Damit bestand für die Behörde ein konkreter Anlass für eine Neuprüfung.

Somit liegt, da die Behörde pauschal auf die Bestandskraft verwies, ein Ermessensausfall vor. Damit hat der G einen Anspruch auf ermessensfehlerfreie Entscheidung.

hemmer-Methode: In eine Klage eingebettet, hätte sich der Fall folgendermaßen gestaltet: Der G hätte in einem Hauptantrag Verpflichtungsklage auf Sachentscheidung unter Wiederaufgreifen des Verfahrens nach § 51 VwVfG gestellt, und für den Fall des Scheiterns dieses Hauptantrags hilfsweise eine Verpflichtungsklage auf Aufhebung des Bescheids erhoben. Hinsichtlich des begehrten Nachbewilligungsbescheids wäre eine weitere Verpflichtungsklage zu erheben, die aber wiederum hilfsweise für den Fall des Erfolges des ersten Hilfsantrags zu stellen gewesen wäre.
Lesen Sie zum Ermessen VWR I, Rn. 356 ff., insbesondere die Arten von Ermessensfehlern, Rn. 365 ff.!

Die Zulässigkeit einer Anfechtungsklage setzt nicht nur voraus, dass überhaupt ein VA vorliegt, sondern auch, dass dieser sich bis zum Zeitpunkt der letzten mündlichen Verhandlung noch nicht erledigt hat. Ein VA, welcher nicht (mehr) existiert, kann nicht aufgehoben werden.

Eine Anfechtungsklage, die nach Erledigung der Hauptsache vom Kläger in vollem Umfang aufrechterhalten wird, ist unstatthaft, da der VA nicht mehr aufgehoben werden kann. Zumindest fehlt es ihr am Rechtsschutzbedürfnis. Sie ist damit als unzulässig abzuweisen.

Welche Möglichkeiten bestehen für den Kläger, wenn sich nach Erhebung der Klage der angegriffene VA erledigt?

1. Klagerücknahme

Unter den Voraussetzungen des § 92 VwGO kann er die Klage zurücknehmen. Die Rücknahme der Klage beendet das Verfahren unmittelbar. Allerdings trifft den Kläger dann die Kostentragungspflicht nach § 155 II VwGO.

2. Übereinstimmende Erledigungserklärungen

Es besteht auch die Möglichkeit, dass Kläger und Beklagter übereinstimmend die Erledigung der Hauptsache erklären. Diese Erklärungen beenden unmittelbar den Rechtsstreit. Es bedarf keiner konstitutiv wirkenden Entscheidung des Gerichts. Aufgrund der Dispositionsmaxime ist das Gericht an die Erklärungen gebunden, auch wenn in Wirklichkeit keine Erledigung der Hauptsache vorliegt.

Nach h.M. kommt es nicht darauf an, ob die Klage ursprünglich zulässig und begründet war. Das Gericht entscheidet nach § 161 II VwGO nur noch über die Kosten „außer in den Fällen des § 113 I S. 4 VwGO". Da das Gericht nach „billigem Ermessen" zu entscheiden hat, werden der Partei die Kosten auferlegt, die den Rechtsstreit voraussichtlich verloren hätte (von daher wird hier doch die Frage relevant, ob die Klage bis zum Zeitpunkt der Erledigungserklärungen zulässig und begründet war).

3. Einseitige Erledigungserklärung

Bei einer einseitigen Erledigungserklärung durch den Kläger ist der Rechtsstreit nicht unmittelbar beendet, vielmehr ist hier noch eine gerichtliche Entscheidung in der Sache nötig: Da der Kläger statt seines früheren Gestattungsbegehrens nunmehr die Feststellung beantragt, dass sich die ursprüngliche Klage durch ein Ereignis nach Rechtshängigkeit erledigt und der Beklagte deshalb die Kosten zu tragen hat, liegt ein Fall der Klageänderung nach § 91 I VwGO vor. Diese ist grundsätzlich nicht von der Einwilligung des Beklagten abhängig, da Sachdienlichkeit vorliegen wird.

4. Fortsetzungsfeststellungsklage, § 113 I S. 4 VwGO

Der Kläger kann gem. § 113 I S. 4 VwGO die Feststellung begehren, dass der erledigte VA rechtswidrig gewesen ist, wenn er ein berechtigtes Interesse daran hat. Die Umstellung ist eine stets zulässige Klageänderung nach § 91 VwGO, da Sachdienlichkeit vorliegt, vgl. auch § 173 VwGO, § 264 Nr. 2 ZPO.

hemmer-Methode: Halten Sie die tatsächliche Erledigung der Hauptsache als außerprozessuales Ereignis und die Erledigungserklärung(en) der Beteiligten streng auseinander. Wer hier ungenau arbeitet, kann gerade den Missmut des Praktikers auf sich ziehen.

Bei der einseitigen Erledigungserklärung durch den Kläger stellt dieser seine Klage auf Feststellung der Erledigung um. Deswegen bedarf es noch einer verfahrensabschließenden Entscheidung des Gerichts über die Feststellung der Erledigung der ursprünglichen Klage.

Muss das Gericht, nachdem es zur Auffassung gelangt ist, dass sich die Hauptsache tatsächlich erledigt hat, auch die Zulässigkeit und Begründetheit der ursprünglichen Klage prüfen, um die Erledigung der Hauptsache durch Urteil feststellen zu können?

Dies ist in Literatur und Rspr. umstritten:

- **Nach einer in der Literatur vertretenen Ansicht setzt die Feststellung der Erledigung die Zulässigkeit und Begründetheit der ursprünglichen Klage voraus**; wie bei der zivilrechtlichen einseitigen Erledigungserklärung enthalte der Erledigungsantrag des Klägers diese Rechtsbehauptung. Auch könne sich nur eine zulässige und begründete Klage erledigen. Außerdem werde nur durch diese Voraussetzungen den Interessen des Beklagten Rechnung getragen. Schon aus § 92 I S. 2 VwGO ergebe sich, dass der Beklagte nach Stellung der Anträge in der mündlichen Verhandlung einen Anspruch auf Sachentscheidung erwerbe.

  Diese Ansicht hat zur Folge, dass im Falle einer tatsächlichen Erledigung und der ursprünglichen Zulässigkeit und Begründetheit das Gericht zur Feststellung der Erledigung durch Urteil gelangt. Im Fall, dass sich zwar die Hauptsache erledigt hat, die ursprüngliche Klage aber unzulässig war, kommt es zur Abweisung durch Prozessurteil; war die Klage unbegründet, so ergeht ein abweisendes Sachurteil.

- **Nach Ansicht der Rspr. hingegen kommt es grundsätzlich auf Zulässigkeit und Begründetheit der ursprünglichen Klage nicht an.** Diese sind allenfalls in der Kostenentscheidung zu berücksichtigen. Denn der Kläger habe seinen ursprünglichen Klageantrag gerade aufgegeben, sodass dieser nicht mehr zur Entscheidung stehe. Auch sei der Beklagte nicht schutzbedürftig, da eine neue Klage gegen ihn wegen Zeitablaufs nicht mehr zulässig sei. Eine Ausnahme bestehe aber in den Fällen, in denen der Beklagte ein schutzwürdiges Interesse an der Sachprüfung hat. Dieses Interesse lasse sich mit dem Feststellungsinteresse des § 113 I S. 4 VwGO vergleichen. Dann habe das Gericht Zulässigkeit und Begründetheit zu prüfen. In diesem Fall stellt das Gericht entweder die Erledigung der Hauptsache fest, oder es kommt zur Abweisung durch Sach- oder Prozessurteil (s.o.).

hemmer-Methode: I.d.R. wird in Examensklausuren der Beklagte ein schutzwürdiges Interesse an der Sachentscheidung haben, so dass Sie den Meinungsstreit zwar darstellen, aber nicht entscheiden müssen.

Beachten Sie auch, dass eine Erledigung durch ein außerprozessuales Ereignis tatsächlich eingetreten sein muss. Wenn das Gericht zu dem Ergebnis kommt, dass eine Erledigung nicht eingetreten ist, so kommt es zu einer Abweisung des Antrags.

Im Falle, dass der Kläger seinen ursprünglichen Antrag hilfsweise aufrechterhalten hat, wird über diesen entschieden.

Die Fortsetzungsfeststellungsklage (im Folgenden FFK genannt) ist auf Feststellung der Rechtswidrigkeit des erledigten VA gerichtet. Sie ist statthafte Klageart, wenn sich ein VA erledigt hat. Während § 113 I S. 4 VwGO den Fall regelt, dass sich der VA nach Erhebung der Anfechtungsklage erledigt hat, ist nach h.M. anerkannt, dass § 113 I S. 4 VwGO analoge Anwendung findet, wenn sich der VA nach Erhebung der Verpflichtungsklage oder bereits vor Klageerhebung erledigt (Siehe dazu auch die folgenden Karteikarten!).

Nennen Sie die Sachentscheidungsvoraussetzungen der FFK gem. § 113 I S. 4 VwGO (analog)!

Unterscheiden Sie dabei bzgl. der Erledigung des VA vor und nach Klageerhebung!

A) Sachentscheidungsvoraussetzungen der FFK bei Erledigung des VA nach Klageerhebung

I. Eröffnung des Verwaltungsrechtswegs gem. § 40 I VwGO

II. Zulässigkeit der FFK

1. Statthaftigkeit
   a) Objektive Erledigung des VA nach Erhebung der Anfechtungsklage (§ 113 I S. 4 VwGO), Antrag
   b) Objektive Erledigung des begehrten VA nach Erhebung der Verpflichtungsklage, Analogie zu § 113 I S. 4 VwGO, Antrag
2. Zulässigkeitsvoraussetzungen der ursprünglich erhobenen Anfechtungsklage (Verpflichtungsklage)
   a) Klagebefugnis, § 42 II VwGO
   b) Vorverfahren, § 68 II VwGO; Klagefrist, § 74 VwGO
3. Feststellungsinteresse
4. Übrige allgemeine Zulässigkeitsvoraussetzungen, sofern problematisch

B) Sachentscheidungsvoraussetzungen bei Erledigung des VA vor Klageerhebung

I. Eröffnung des Verwaltungsrechtswegs gem. § 40 I VwGO

II. Zulässigkeit der FFK

1. Statthaftigkeit
   a) Anfechtungs-FFK: objektive Erledigung des VA vor Klageerhebung, Analogie zu § 113 I S. 4 VwGO, str., Abgrenzung zu § 43 I VwGO
   b) Verpflichtungs-FFK: objektive Erledigung des begehrten VA vor Klageerhebung, Analogie zu § 113 I S. 4 VwGO, str., Abgrenzung zu § 43 I VwGO
2. Zulässigkeitsvoraussetzungen der Anfechtungsklage (Verpflichtungsklage)
   a) Klagebefugnis, § 42 II VwGO
   b) Vorverfahren und Klagefrist, jeweils str.
3. Feststellungsinteresse
4. Übrige Zulässigkeitsvoraussetzungen, sofern problematisch

hemmer-Methode: Legen Sie sich diese Karteikarte bei der Bearbeitung der FFK zur Seite, damit Sie immer vergleichen können, bei welchem Prüfungspunkt Sie sich befinden!

Die FFK ist die klassische Klageart in Polizei- und Sicherheitsrechtklausuren, da sich hier häufig die VAe bereits durch den Vollzug erledigt haben.

Hier ist auch regelmäßig § 23 I EGGVG zu beachten, nach dem über sog. Justizverwaltungsakte die ordentlichen Gerichte entscheiden.

Die Polizei erhält den Tipp, dass im Vereinslokal TV-Rot-Weiß mit LSD versetzte Aufputschpillen vertrieben werden. Bei der anschließenden Razzia kommt den Polizisten der A entgegen. Dieser ist in schwere Atemnot geraten. Er gibt zu, eine Aufputschpille genommen zu haben. Daraufhin wird er von der Polizei zum Krankenhaus gebracht und anschließend erkennungsdienstlich behandelt.

A erhebt Klage, da er der Meinung ist, dass die Maßnahmen der Polizei rechtswidrig waren.

Vor welchem Gericht ist die Klage zu führen?

Die Klage wäre vor dem VG zu führen, wenn es sich um eine öffentlich-rechtliche Streitigkeit nichtverfassungsrechtlicher Art handelt und keine Zuweisung an ein anderes Gericht vorliegt, § 40 I S. 1 VwGO.

1. In Betracht kommt eine Zuweisung an ein ordentliches Gericht nach § 23 I EGGVG, wenn Justizverwaltungsakte vorliegen. Dabei ist bei Maßnahmen der Polizei aufgrund der **Doppelfunktion,** die die Polizei innehat, zu unterscheiden: Handelt sie im präventiven Bereich aufgrund der Befugnisnormen aus den Landespolizeigesetzen, dann ist nach (Art. 12 I BayPOG i.V.m.) § 40 I VwGO der Verwaltungsrechtsweg eröffnet. Handelt sie hingegen im repressiven Bereich, also zur Verfolgung und Ermittlung von Straftaten, dann ist sie als Justizbehörde i.S.v. § 23 I EGGVG tätig geworden, sodass der ordentliche Rechtsweg einschlägig wäre.

2. Um zu entscheiden, auf welchem Gebiet die Polizei im vorliegenden Fall tätig geworden ist, müssen die **jeweiligen Maßnahmen einzeln untersucht** werden:

- die Verbringung des A zum Krankenhaus und die Untersuchung

Diese Maßnahmen führte die Polizei vornehmlich im präventiven Bereich durch. Es ging vor allem darum, den A außer Lebensgefahr zu bringen. Dass damit eventuell auch Beweismittel dafür erbracht werden sollten, dass der A LSD konsumiert hat, tritt demgegenüber zurück.

- die erkennungsdienstliche Erfassung

Präventiv tätig wurde die Polizei dann, wenn man annimmt, dass sie durch diese Maßnahme den A von weiterem Drogenkonsum abhalten wollte. Allerdings kann hier davon ausgegangen werden, dass es der Polizei auch darauf ankam, Beweismittel für ein Strafverfahren zu erlangen, womit sie repressiv gehandelt hat.

3. Damit bleibt festzuhalten, dass die Polizei dem A gegenüber sowohl repressiv als auch präventiv tätig geworden ist. In solchen Fällen muss auf den **Schwerpunkt des gesamten polizeilichen Handelns** abgestellt werden, soweit die Maßnahmen nicht getrennt werden können. Der Ermittlung dieses Schwergewichts ist ein objektiver Maßstab zugrunde zu legen. Hier lag der Schwerpunkt im präventiven Bereich: Es ging der Polizei vornehmlich darum, Gefahr für Leben und Gesundheit zu verhindern. **Damit liegt kein Justizverwaltungsakt i.S.v. § 23 I EGGVG vor. Der Verwaltungsrechtsweg ist eröffnet.**

hemmer-Methode: Nur ausnahmsweise war hier eine Auseinandersetzung mit den einzelnen Maßnahmen nötig. In Fällen, in denen die Polizei unproblematisch im präventiven Bereich tätig geworden ist, erwähnen Sie dies kurz und weisen darauf hin, dass deshalb § 23 I EGGVG nicht einschlägig ist.

Analoge Anwendung des § 113 I S. 4 VwGO

Vom Wortlaut her ist eine FFK nur dann statthaft, wenn sich nach Erheben der Anfechtungsklage der angefochtene VA erledigt hat. Nach h.M. findet der § 113 I S. 4 VwGO aber analoge Anwendung auf

a) die Verpflichtungsklage

b) die Erledigung vor Klageerhebung

A beantragt eine Genehmigung für das Aufstellen eines Verkaufsstandes in der Fußgängerzone anlässlich der jährlich stattfindenden Aktionswoche „Künstler stellen sich vor“. Der Antrag des A wird abgelehnt, da er pornographische Bilder male, die nicht in den Rahmen dieser Aktionswoche passen. Bevor über seinen fristgerechten Widerspruch entschieden wird, ist die Aktionswoche vorbei. Damit die Behörde nicht im nächsten Jahr die Zulassung aus den gleichen Gründen verweigert, erhebt A Klage mit dem Antrag, festzustellen, dass die Ablehnung der Zulassung rechtswidrig war.

Ist die FFK nach § 113 I S. 4 VwGO statthaft?

§ 113 I S. 4 VwGO regelt nur den Fall, dass sich nach Erhebung der Anfechtungsklage der VA erledigt hat. Hier allerdings erledigt sich vor Erhebung der Klage ein behaupteter Anspruch auf einen VA. Bei Nicht-Erledigung hätte dieser mit der Verpflichtungsklage durchgesetzt werden müssen. Fraglich ist, ob in einem solchen Fall der § 113 I S. 4 VwGO analog anzuwenden ist. Voraussetzung für eine analoge Anwendung ist das Bestehen einer planwidrigen Regelungslücke und eine gleichgerichtete Interessenlage zwischen gesetzlich geregeltem und dem zu lösenden, nicht gesetzlich geregelten Fall.

- Zunächst ist zu prüfen, ob sich eine **analoge Anwendung des § 113 I S. 4 VwGO auf den Fall der Verpflichtungsklage** bejahen lässt. Eine Regelungslücke besteht: Eine Verpflichtungsklage scheitert, wenn der Erlass des VA wegen Erledigung gegenstandslos geworden ist. Der Kläger könnte eine gerichtliche Klärung der Rechtsfragen nicht herbeiführen. Dies stünde aber im Widerspruch zu dem Gebot des effektiven Rechtsschutzes nach Art. 19 IV GG, sodass die Regelungslücke planwidrig ist. Auch die Interessenlage ist vergleichbar: Sinn und Zweck des § 113 I S. 4 VwGO ist es, die Rechtmäßigkeit des VA überprüfen zu lassen, wenn der Kläger ein berechtigtes Interesse daran hat. Ein ähnliches Interesse kann aber auch bei der Verpflichtungsklage bestehen. Es sind keine Anhaltspunkte ersichtlich, derentwegen im Hinblick auf die Anwendbarkeit von § 113 I S. 4 VwGO ein Unterschied zwischen Anfechtungs- und Verpflichtungsklage gemacht werden kann. Damit ist § 113 I S. 4 VwGO analog auch auf den Fall der Verpflichtungsklage anwendbar.
- Weiterhin müsste § 113 I S. 4 VwGO **auch analoge Anwendung finden, wenn sich der VA bereits vor Klageerhebung erledigt hat** (bzw. bei der Verpflichtungsklage, wenn der Anspruch auf Erlass eines VA vor Klageerhebung gegenstandslos geworden ist). In diesem Fall kommt auch eine Anwendung des § 43 VwGO in Betracht. Es ist aber kein Grund ersichtlich, warum der Rechtsschutz und die Klageart von dem (meist zufälligen) Zeitpunkt der Erledigung abhängen sollen, zumal dies nicht in den Händen des Klägers liegt. Damit findet § 113 I S. 4 VwGO auch analoge Anwendung, wenn sich der VA vor Klageerhebung erledigt hat **(„doppelte“ Analogie).**

Damit ist im vorliegenden Fall die von A erhobene Klage nach § 113 I S. 4 VwGO analog statthaft.

hemmer-Methode: Die analoge Anwendung des § 113 I S. 4 VwGO auf die Fälle der Erledigung vor Klageerhebung ist nicht mehr unumstritten. Zum Teil wird die allgemeine Feststellungsklage nach § 43 I VwGO herangezogen und die Regelungslücke für eine Analogie verneint. Bis sich hier eine gefestigte Rechtsprechung abzeichnet, sollten Sie weiterhin auf § 113 I S. 4 VwGO zurückgreifen, da Sie nur hier zu den Folgeproblemen „Vorverfahren und Klagefrist“ kommen! Bei einer allgemeinen Feststellungsklage gibt es unstreitig weder ein Vorverfahren, noch ist eine Klagefrist zu wahren!

Die FFK bei Leistungsklagen?

§ 113 I S. 4 VwGO findet analoge Anwendung, wenn sich der Anspruch auf den beantragten VA erledigt hat. Strittig ist, ob eine analoge Anwendung bei Leistungsklagen in Betracht kommt, wenn sich ein Anspruch auf schlichtes Verwaltungshandeln erledigt hat.

K beantragt für sein Haus eine Abgeschlossenheitsbescheinigung (kein VA) nach dem WEG. Als sein Antrag abgelehnt wird, erhebt er Leistungsklage, ihm die Bescheinigung zu erteilen. Nach Klageerhebung wird ihm die begehrte Abgeschlossenheitsbescheinigung erteilt. Da er einen Amtshaftungsprozess führen möchte, stellt er seinen Klageantrag dahingehend um, dass er festgestellt haben will, dass die Nichterteilung rechtswidrig war.

Statthaftigkeit?

Da es sich bei der Abgeschlossenheitsbescheinigung nicht um einen VA handelt, sondern um einen urkundlichen Nachweis gegenüber dem Grundbuchamt, stellt sich die Frage, ob eine FFK nach § 113 I S. 4 VwGO analog in Betracht kommt, wenn sich das Leistungsbegehren erledigt hat.

- **Von der h.M. wird dies abgelehnt**: Zum einen fehle es an der für eine Analogie erforderlichen Regelungslücke, da das Ziel des Klägers auch mit einer Feststellungsklage nach § 43 VwGO erreicht werden könne. Auch fehle ein dem VA vergleichbarer konkreter Rechtsakt einer Behörde, auf den sich die Rechtswidrigkeit beziehen könne. Weiterhin sei der § 113 I S. 4 VwGO eine eng auszulegende Ausnahmevorschrift.

- Nach **a.A.** wird im Hinblick auf das **Gebot des effektiven Rechtsschutzes nach Art. 19 IV GG differenziert:** Im Falle, dass der Kläger sein Ziel mit der Feststellungsklage nach § 43 VwGO erreichen könne, scheide mangels Regelungslücke eine Analogie aus. Es gebe aber Fälle, in denen eine Umstellung auf eine Feststellungsklage nicht möglich sei, weil etwa kein Rechtsverhältnis vorliege. Dann müsse wegen Art. 19 IV GG dem Kläger die Möglichkeit des § 113 I S. 4 VwGO analog zur Seite gestellt werden.

  Auch Gründe der Prozessökonomie sprächen für eine analoge Anwendung des § 113 I S. 4 VwGO auf solche Konstellationen: Sinn des § 113 I S. 4 VwGO sei es, „dass der Kläger nicht ohne Not um die Früchte des bisherigen Prozesses gebracht wird“. Schließlich habe dieser bereits einigen finanziellen und zeitlichen Aufwand betrieben, und müsse davor geschützt werden, dass dieser Aufwand gegenstandslos werde. Deshalb müsse es ihm möglich sein, seinen Klageantrag auf Feststellung der Rechtswidrigkeit umzustellen.

  Diese Ansicht käme im vorliegenden Fall zur analogen Anwendung des § 113 I S. 4 VwGO, da die begehrte Abgeschlossenheitsbescheinigung als urkundlicher Nachweis zu Beweiszwecken dient, aber kein Rechtsverhältnis zwischen Kläger und Verwaltung begründet, sodass eine Umstellung auf die Feststellungsklage nicht möglich ist.

hemmer-Methode: In einer Klausur können Sie sich entscheiden, wie Sie wollen. Im Falle, dass eine Feststellungsklage scheitert, weil kein Rechtsverhältnis besteht, empfiehlt sich der Weg, § 113 I S. 4 VwGO analog anzuwenden, damit Sie in Ihrer Prüfung weiterkommen.

Wichtig ist, dass Sie in Ihrer Diskussion die „Soundwörter“ Regelungslücke, effektiver Rechtsschutz gem. Art. 19 IV GG und Prozessökonomie bringen. Der Korrektor wird nach diesen Begriffen suchen.

Für die FFK bedarf es gem. § 113 I S. 4 VwGO eines berechtigten Interesses an der Feststellung als Ausprägung eines besonderen Rechtsschutzbedürfnisses. Dieses Interesse entspricht dem Feststellungsinteresse nach § 43 VwGO (außer dem Erfordernis der „baldigen“ Feststellung). Damit genügt jedes schutzwürdige Interesse rechtlicher, wirtschaftlicher oder ideeller Art.

Liegt es nicht vor, ist die Klage als unzulässig abzuweisen.

Nennen Sie die von der Rspr. entwickelten Fallgruppen, bei deren Vorliegen ein berechtigtes Interesse indiziert sein wird!

Folgende Fallgruppen haben sich herausgebildet:

1. Wiederholungsgefahr

Das Feststellungsinteresse ist anzunehmen, wenn der konkreten Gefahr der Wiederholung gleichartiger Verwaltungsentscheidungen vorgebeugt werden soll. Dabei ist eine Gefahr nur dann hinreichend konkret, wenn die Wiederholung tatsächlich bevorsteht, sich konkret abzeichnet oder in absehbarer Zeit möglich erscheint. Die Wiederholung gleichartiger Verwaltungsentscheidungen kann nur dann angenommen werden, wenn sich die rechtlichen oder tatsächlichen Verhältnisse, die der neuen Entscheidung zugrunde gelegt werden sollen, seit dem Erlass der erledigten Verwaltungsentscheidung nicht geändert haben.

2. Rehabilitationsinteresse

Das berechtigte Interesse ist zu bejahen, wenn die Feststellung, dass der VA rechtswidrig war, für die Rehabilitation des Klägers erforderlich ist. Dies kommt insbesondere dann in Betracht, wenn der VA selbst, seine Begründung oder die Umstände seines Zustandekommens diskriminierende Wirkung haben. So begründet eine objektiv erhebliche Beeinträchtigung des Persönlichkeitsrechts, der Menschenwürde oder des Ansehens ein Feststellungsinteresse, wenn sie im Zeitpunkt der gerichtlichen Entscheidung noch fortwirkt. Nicht ausreichend ist der Wunsch nach Genugtuung oder das verletzte Rechtsgefühl des einzelnen.

3. Vorbereitung eines Amtshaftungsprozesses (siehe dazu Karteikarte 30)

4. Grundrechtseingriff

Nach e.A. genügt für das Feststellungsinteresse, wenn der VA in ein Grundrecht eingegriffen hat. Dies wird aber von der überwiegenden Meinung damit abgelehnt, dass dann immer das Feststellungsinteresse zu bejahen wäre, da aufgrund des extensiven Schutzbereichs von Art. 2 I GG praktisch jeder belastende VA einen Eingriff darstellen würde und somit das Erfordernis des Feststellungsinteresses sinnentleert würde. Das BVerfG bejaht das Feststellungsinteresse aber dann, wenn es sich um einen besonders schwerwiegenden Grundrechtseingriff handelt, was vor allem bei Verletzungen von Art. 2 II GG, Art. 8 GG, Art. 11 GG und Art. 13 GG bejaht wird. Ein weiteres Kriterium ist neben der Schwere des Eingriffs die Frage, ob eine Erledigung so zeitnah eingetreten ist, dass ein vorheriger gerichtlicher Schutz nicht möglich war, Art. 19 IV GG.

hemmer-Methode: Dogmatisch ist fraglich, ob der besonders schwerwiegende Grundrechtseingriff einen Unterfall des Rehabilitationsinteresses (unter Verzicht auf die Offenkundigkeit) oder eine eigene Fallgruppe darstellt.

Auch die Vorbereitung eines Zivilprozesses kann unter bestimmten Voraussetzungen ein besonderes Feststellungsinteresse begründen.

1. **A begehrt im Januar 2021 eine Gaststättenerlaubnis. Diese wird ihm im April 2021 verweigert, da er aufgrund von Steuerschulden i.H.v. 90,- € als unzuverlässig anzusehen sei. Nach erfolglosem Widerspruch erhebt A im Dezember 2021 Verpflichtungsklage. Während des Prozesses erteilt die zuständige Behörde dem A im Februar 2022 die Erlaubnis. Daraufhin stellt A die Klage um und begehrt die Feststellung, dass der Ablehnungsbescheid vom April 2021 rechtswidrig gewesen sei. Er beabsichtigt nämlich, den ihm wegen Ablehnung der Erlaubnis entstandenen Verzögerungsschaden in einer Schadensersatzklage geltend zu machen. Besteht das notwendige Feststellungsinteresse für die FFK?**
2. **Ändert sich etwas, wenn die Behörde die Erlaubnis bereits vor Erhebung der Verpflichtungsklage erteilt hat?**

1. Unter bestimmten Voraussetzungen liegt auch dann das nötige Feststellungsinteresse vor, wenn die FFK dazu dient, einen Zivilprozess vorzubereiten (z.B. Ersatzanspruch aus § 839 BGB oder aus enteignungsgleichem Eingriff).

- Die Feststellung der Rechtswidrigkeit eines belastenden VA wirkt präjudiziell für die Frage der Amtspflichtwidrigkeit i.R.d. Amtshaftungsanspruchs, da die Rechtswidrigkeit des VA einen Verstoß gegen die allgemeine Amtspflicht zu rechtmäßigem Verwaltungshandeln indiziert. Aufgrund der Rechtskrafterstreckung gem. § 121 VwGO ist das Zivilgericht an die Feststellung der Rechtswidrigkeit gebunden. Deshalb kann es sinnvoll sein, den Prozess weiterzuführen.
- Allerdings fordert die Rspr. die ernsthafte Absicht, in naher Zukunft einen nicht von vornherein offensichtlich aussichtslosen Prozess anstrengen zu wollen. Offensichtliche Aussichtslosigkeit liegt dann vor, wenn der behauptete Anspruch unter keinem rechtlichen Gesichtspunkt bestehen kann. Im Fall hat A ernsthaft vor, in nächster Zeit einen Amtshaftungsprozess zu führen. Dieser ist auch nicht offensichtlich aussichtslos: Der Versagungsbescheid könnte rechtswidrig gewesen sein, da Steuerschulden in Höhe von 90,- € allein keine Unzuverlässigkeit i.S.v. § 4 I Nr. 1 GastG begründen können.

Damit ist ein Amtshaftungsanspruch denkbar. Somit hat A ein berechtigtes Interesse an der Feststellung.

2. In der Abwandlung könnte sich etwas anderes ergeben. A hatte nämlich zum Zeitpunkt der Erteilung der Genehmigung noch keine Klage zum VG erhoben.

- In diesen Fällen verneint die Rspr. das Bestehen eines Feststellungsinteresses aus Gründen der Prozessökonomie: Der Kläger kann direkt vor dem Zivilgericht seinen Amtshaftungsprozess anstrengen. Denn anders als bei Erledigung nach Klageerhebung, wo der Kläger schon einigen finanziellen und zeitlichen Aufwand betrieben hat und nun nicht ohne Not um die Früchte seines bisherigen Verwaltungsprozesses gebracht werden soll, besteht in Fällen der Erledigung vor Klageerhebung dieses Problem nicht.
- Auch besteht kein allgemeiner Anspruch auf den „sachnäheren Richter"; das Zivilgericht ist auch für die Klärung öffentlich-rechtlicher Vorfragen in vollem Umfang zuständig (vgl. § 17 II GVG).

Damit hat A in der Abwandlung kein Feststellungsinteresse.

hemmer-Methode: Lesen Sie zur Amtshaftung Hemmer/Wüst, Staatshaftungsrecht.

Die Erledigung des VA

Die FFK kommt als Klageart in Betracht, wenn sich der VA erledigt hat. Die Erledigung ist Tatbestandsmerkmal des § 113 I S. 4 VwGO. Die bloße Behauptung der Erledigung reicht nicht aus, diese muss vielmehr objektiv vorliegen.

Wann ist ein VA erledigt?

Unterscheiden Sie dabei bzgl. der Erledigung bei einer ursprünglichen Anfechtungsklage und einer ursprünglichen Verpflichtungsklage!

Eine Erledigung i.R.d. Anfechtungsklage liegt vor, wenn die mit dem VA verbundene rechtliche oder sachliche Beschwer nachträglich weggefallen ist, d.h., wenn der VA keine Rechtswirkungen mehr entfaltet. Der Wegfall der Beschwer ist dabei objektiv vom Regelungsgehalt des VA, nicht subjektiv vom Klägerinteresse her zu bestimmen.

- § 43 II VwVfG zählt beispielhaft die Erledigung durch Zeitablauf, Rücknahme und Widerruf auf. Weitere Fälle sind z.B. der Tod bei höchstpersönlichen Rechten und Pflichten, die Zweckerreichung, der Wegfall des Regelungsobjekts. In diesen Fällen der „anderweitigen Erledigung" ist zu fragen, ob die Aufhebung des VA noch sinnvoll ist.
- Der Vollzug eines VA führt grundsätzlich nicht zu dessen Erledigung. Dies ergibt sich bereits aus § 113 I S. 2 VwGO: Dieser geht davon aus, dass die Rückgängigmachung von Vollzugsfolgen eines VA zunächst dessen Aufhebung voraussetzt, da der VA auch nach seinem Vollzug Rechtsgrund für die Vollziehung bleibt (Bsp.: A erhält einen Abgabenbescheid von der Gemeinde. Die Abgabensatzung ist nichtig. A zahlt. Durch die Zahlung ist der Abgabenbescheid vollzogen. Dennoch ist er nicht erledigt, sondern muss aufgehoben werden, da er noch Rechtswirkungen entfaltet. Er wirkt nämlich als Rechtsgrund für die erfolgte Vermögensverschiebung fort.). Eine Erledigung der Hauptsache liegt aber dann vor, wenn sich die Rechtswirkungen des VA mit dessen Vollzug völlig erschöpfen. Dies ist häufig bei polizeilichen Maßnahmen der Fall. (Bsp.: Demonstrant A wird mittels Schlagstockeinsatzes des Platzes verwiesen.)
- Bei der Verpflichtungsklage liegt eine Erledigung vor, wenn der geltend gemachte Anspruch gegenstandslos geworden ist, d.h. wenn das Klagebegehren nicht mehr erreicht werden kann. Zu denken ist hierbei an den Fall, dass der Erlass des VA theoretisch noch möglich, mittlerweile aber sinnlos geworden ist (Bsp.: das Volksfest, zu dem A Zulassung begehrt hat, ist vorbei). Auch durch eine Änderung der Rechts- und Sachlage nach Erhebung der Klage kann ein Anspruch auf Erlass des begehrten VA unbegründet werden. (Bsp.: Nachbar N klagt auf Erlass einer Baubeseitigungsanordnung gegen den „Schwarzbau" des A. Während des Prozesses erhält A die Baugenehmigung.)

hemmer-Methode: Denken Sie noch einmal daran, dass die tatsächliche Erledigung der Hauptsache streng von den Erledigungserklärungen der Beteiligten zu trennen ist. Lesen Sie den Sachverhalt daraufhin, ob der Kläger nach erhobener Anfechtungs- oder Verpflichtungsklage und daraufhin eintretender Erledigung seine Klage auf Feststellung der Rechtswidrigkeit (§ 113 I S. 4 VwGO) umstellen will oder die Sache für erledigt erklärt und damit letztendlich den Rechtsstreit beenden will.

Bei der FFK handelt es sich prozessual nach h.M. um eine umgestellte Anfechtungsklage. Daher muss die ursprüngliche Klage im Zeitpunkt des erledigenden Ereignisses zulässig gewesen sein: Neben den besonderen Voraussetzungen des § 113 I S. 4 VwGO müssen die Sachentscheidungsvoraussetzungen der Anfechtungsklage vorliegen. Insbesondere wird eine Klagebefugnis nach § 42 II VwGO (analog) gefordert, um eine Popularklage auszuschließen. Strittig ist, ob Vorverfahren und Klagefrist eingehalten sein müssen.

Als sich A am 03.03.2021 gerade von der Brücke stürzen will, wird er von der Polizei festgenommen. Da er sich heftig sträubt, kommt es zu Handgreiflichkeiten. Dadurch werden einige Passanten angelockt. Schließlich wird er im Polizeigriff ins Auto und dann zur Dienststelle gebracht. Am 01.04.2021 erhebt A Klage, mit der er Feststellung begehrt, dass die Maßnahmen gegen ihn rechtswidrig waren.

Muss A noch das Vorverfahren nachholen?

Zulässigkeitsvoraussetzungen müssen erst im (bzw. noch im) Zeitpunkt der letzten mündlichen Verhandlung vorliegen. Demnach könnte A auch nach Erhebung der Klage, wenn erforderlich, das Vorverfahren nachholen.

1. Fraglich ist allerdings, ob ein Vorverfahren bei der FFK notwendig ist. Dabei ist zu beachten, dass die FFK nach h.M. eine umgestellte Anfechtungsklage ist, deren Sachentscheidungsvoraussetzungen vorliegen müssen. Eine unzulässige Anfechtungsklage kann sich aufgrund des erledigenden Ereignisses nicht in eine zulässige FFK wandeln. **So besteht auch Einigkeit, dass für die Fälle, in denen sich der VA erst nach Ablauf der Widerspruchsfrist erledigt hat, ein Vorverfahren einzuleiten war.** Sonst wäre eine diesbezügliche Anfechtungs- oder Verpflichtungsklage unzulässig, da nach Ablauf der Widerspruchsfrist der VA bestandskräftig ist.

2. In den Fällen, in denen sich der **VA vor Ablauf der Widerspruchsfrist erledigt**, herrscht hingegen bzgl. der Durchführung eines Vorverfahrens Streit.

- Nach einer Ansicht ist auch in diesen Fällen ein Vorverfahren erforderlich. Zum einen wird dies mit der Qualifizierung der FFK als umgestellte Anfechtungsklage begründet. Zudem werde der Sinn und Zweck des Vorverfahrens noch erreicht: Auch die Widerspruchsbehörde könne die Rechtswidrigkeit des VA feststellen. Damit würde die Klage unzulässig. Dies führe zu einer Entlastung der Gerichte und diene auch der Selbstkontrolle der Verwaltung.
- **Die Rspr. und die h.M. hingegen halten das Vorverfahren in diesen Fällen für nicht notwendig** (nach Ansicht der Rspr. ist ein solches sogar unstatthaft). Begründet wird dies zum einen damit, dass die §§ 68 ff. VwGO ausdrücklich nur für Anfechtungs- und Verpflichtungsklage die Durchführung eines Vorverfahrens fordern; ein Fortsetzungswiderspruchsverfahren sei der VwGO fremd, was eine bewusste Regelungslücke sei, denn in den Fällen der Erledigung vor Ablauf der Widerspruchsfrist sei ein Vorverfahren sinnlos. Der entscheidende Zweck, nämlich die Aufhebung eines VA, sei unerreichbar, da ein erledigter VA nicht mehr aufgehoben werden könne. Außerdem komme einer etwaigen Feststellung der Verwaltung, dass der VA rechtswidrig ist, keine Bindungswirkung wie einem gerichtlichen Urteil (§ 121 VwGO) zu, sodass diese dem Interesse des Bürgers nicht gerecht werde.

Dieser Ansicht ist zu folgen. Damit muss A das Vorverfahren nicht mehr nachholen.

hemmer-Methode: Eine derart ausführliche Darstellung des Problems wäre in einer Klausur häufig verfehlt. Hier ging es darum, Ihnen die Argumentation näher zu bringen. Unstreitig ist eine fristgerechte Widerspruchseinlegung dann erforderlich, wenn sich der VA erst nach Fristablauf erledigt. In Bundesländern, in denen wie in Bayern das Vorverfahren de facto abgeschafft ist, vgl. Art. 15 II AGVwGO, ist der dargestellte Meinungsstreit irrelevant. Wenn schon bei einer Anfechtungsklage kein Vorverfahren stattfindet, dann erst recht nicht bei einer FFK.

Nach h.M. ist, wie in Karteikarte 33 bereits gezeigt, die Durchführung eines Vorverfahrens nicht nötig (BVerwG: unstatthaft), wenn sich der VA vor Klageerhebung erledigt hat. Ob in den Fällen der Erledigung vor Klageerhebung die Klagefrist des § 74 I VwGO einzuhalten ist, wird in Literatur und Rspr. unterschiedlich gesehen.

Fall, wie bei KK 32.

Ändert sich an der Zulässigkeit der Klage des A etwas, wenn er diese erst am 15.04.2021 erhebt?

Die Beantwortung dieser Frage könnte davon abhängen, ob bei der FFK eine Klagefrist einzuhalten ist. Während dies für den Fall, dass sich der VA erst nach Erhebung der Klage erledigt, unproblematisch zu fordern ist, herrscht hingegen in den Fällen der Erledigung vor Klageerhebung Streit.

- Nach e.A. folgt aus dem prozessualen **Charakter der FFK als umgestellter Anfechtungsklage** (Verpflichtungsklage) die Notwendigkeit der Einhaltung der Klagefrist gem. §§ 74, 58 II VwGO analog. Auch könnten die Rechtschutzmöglichkeiten nicht von dem zufälligen Ereignis der Erledigung abhängig sein.
- Nach h.M. unterliegt die FFK bei Erledigung eines VA vor Klageerhebung keiner Fristbindung: Die FFK sei keine Sonderform der Anfechtungs- bzw. Verpflichtungsklage, sondern ihrer **Rechtsnatur nach eine Feststellungsklage.** Diese sind aber nicht an eine Frist gebunden. Zum anderen komme Sinn und Zweck der Klagefrist bei einer FFK nicht zum Tragen: Die Einhaltung einer Frist diene letztlich der Rechtssicherheit; im Falle, dass die gesetzliche Frist abgelaufen ist, erwachse der VA in formelle und materielle Bestandskraft. Ein erledigter VA könne aber gar nicht mehr in Bestandskraft erwachsen, da mit Eintritt des erledigenden Ereignisses die Regelungswirkung des VA entfalle. Damit ist nach dieser Ansicht die Erhebung der FFK nicht fristgebunden. Um dem Rechtsfrieden und der Rechtssicherheit genüge zu tun, werden nur die Grundsätze der Verwirkung herangezogen.

Der Meinungsstreit könnte aber im vorliegenden Fall ohne Entscheidungsrelevanz sein. Denn auch dann, wenn man die Einhaltung einer Klagefrist fordert, ist Voraussetzung für die Monatsfrist, dass eine ordnungsgemäße Rechtsbehelfsbelehrung erfolgt ist. Ansonsten gilt die Jahresfrist des § 58 II VwGO. Da hier nicht davon auszugehen ist, dass die Polizisten den A auf die Möglichkeit der FFK analog § 113 I S. 4 VwGO hingewiesen haben, reicht es aus, dass A binnen eines Jahres Klage erhebt. Dies war hier der Fall. **Damit ist die am 15.04.2021 erhobene Klage des A zulässig.**

hemmer-Methode: Für den Fall, dass eine ordnungsgemäße Rechtsbehelfsbelehrung stattgefunden hat und Sie der Ansicht folgen, die an der Klagefrist festhält, müssen Sie beachten, wie Sie sich bzgl. des Vorverfahrens entschieden haben: Falls Sie dieses für erforderlich hielten, müssen Sie § 74 I S. 1 VwGO anwenden. Im Falle, dass Sie dieses mit der Rspr. für unstatthaft angesehen haben, kommen Sie zur analogen Anwendung des § 74 I S. 2 VwGO (lesen!). Innerhalb dieser Ansicht ist es dann wieder strittig, ob sich der Fristbeginn wie bei der Anfechtungsklage am Erlass des VA orientiert, oder ob auf den Zeitpunkt der Erledigung als fristauslösendes Ereignis abzustellen ist.

Da die FFK als umgestellte Anfechtungsklage/Verpflichtungsklage zu charakterisieren ist, genügt für die Begründetheit der FFK die Feststellung der Rechtswidrigkeit des erledigten VA nicht. Es bedarf auch einer subjektiven Rechtsverletzung des Klägers, §§ 113 I S. 1, 113 I S. 4 VwGO (analog).

Bilden Sie den Obersatz bei der FFK! Unterscheiden Sie dabei bezüglich ursprünglicher Anfechtungsklage und ursprünglicher Verpflichtungsklage.

1. Ursprüngliche Anfechtungsklage:

Die FFK ist begründet, soweit die Klage gegen den richtigen Beklagten gerichtet ist, § 78 I Nr. 1 VwGO, der erledigte VA rechtswidrig war und der Kläger dadurch in seinen Rechten verletzt wurde, § 113 I S. 4 VwGO i.V.m. § 113 I S. 1 VwGO (analog im Falle der Erledigung des VA vor Erhebung der Anfechtungsklage).

2. Ursprüngliches Verpflichtungsbegehren:

Die FFK ist begründet, soweit sie gegen den richtigen Beklagten gerichtet ist, § 78 I Nr. 1 VwGO, die Versagung/Unterlassung des VA rechtswidrig war und der Kläger hierdurch in seinen Rechten verletzt wurde, §§ 113 I S. 4, 113 I S. 1 VwGO analog i.V.m. § 113 V VwGO. Eine Rechtsverletzung lag jedenfalls dann vor, wenn der Kläger einen Anspruch auf Erlass des VA hatte. Im Falle fehlender Spruchreife kommt es darauf an, ob der Kläger einen Anspruch auf erneute Bescheidung hatte.

hemmer-Methode: Machen Sie sich klar, dass diesbezüglich keine wesentlichen Unterschiede zur Anfechtungs- und Verpflichtungsklage bestehen. Es erspart Ihnen einigen Ballast, wenn Sie sich immer vor Augen führen, dass die FFK eine umgestellte Anfechtungs- bzw. Verpflichtungsklage ist. Merken Sie sich also als „Eselsbrücke", dass bei der FFK der Obersatz der jeweiligen Klage (Anfechtung oder Verpflichtung) ins Imperfekt gesetzt wird. Auch in der übrigen Prüfung gehen Sie dann nach dem bekannten Schema vor. So prüfen Sie z.B. die Rechtswidrigkeit des erledigten VA und die subjektive Rechtsverletzung wie bei der Anfechtungsklage.

Ein Verpflichtungsbegehren kann sich durch eine nachträgliche Änderung der Sach- und/oder Rechtslage zuungunsten des Klägers erledigen, da es regelmäßig (ebenso wie bei der Verpflichtungsklage) auf die Sach- und Rechtslage im Zeitpunkt der letzten mündlichen Verhandlung ankommt. Dann muss jedoch auch die Feststellung möglich sein, dass die Behörde zum Zeitpunkt der Erledigung zum Erlass des VA verpflichtet gewesen ist. Deshalb muss § 113 I S. 4 VwGO so gelesen werden, „dass die Versagung des VA rechtswidrig gewesen ist".

Angemerkt sei noch, dass die Passivlegitimation je nach Bundesland bereits in der Zulässigkeit geprüft wird.

Die Funktion der allgemeinen Leistungsklage

Mit der allgemeinen Leistungsklage kann der Kläger die gerichtliche Verurteilung des Beklagten zu einem bestimmten Tun, Dulden oder Unterlassen erstreben, dessen Rechtsnatur öffentlich-rechtlich ist. Wichtig dabei ist, dass das Verwaltungshandeln, das begehrt wird, keinen VA i.S.d. § 35 VwVfG darstellt. Nur soweit ein Unterlassen begehrt wird, ist die Rechtsnatur als VA nach h.M. unschädlich.

1. **Nennen Sie die Rechtsgrundlage der allgemeinen Leistungsklage!**
2. **Beschreiben Sie die Auffangfunktion der allgemeinen Leistungsklage!**

1. Die allgemeine Leistungsklage ist in der VwGO nicht ausdrücklich geregelt. Sie wird allerdings in einer Reihe von Vorschriften genannt, bzw. als bestehend vorausgesetzt, so z.B. in den §§ 111, 113 IV, 169 II, 170, 191 VwGO. **Als unmittelbare Rechtsgrundlage ist § 43 II VwGO i.V.m. § 40 I VwGO heranzuziehen.** Die Statthaftigkeit der allgemeinen Leistungsklage ist unbestritten. § 43 II VwGO spricht von der Leistungsklage; wäre damit nur die Verpflichtungsklage als einzige von der VwGO anerkannte Leistungsklage gemeint, so würde § 43 II VwGO statt der Leistungsklage die Verpflichtungsklage nennen. Daraus ist zu schließen, dass die Verpflichtungsklage nicht die einzige von der VwGO anerkannte Leistungsklage ist, sondern dass es daneben die allgemeine Leistungsklage als weitere gesetzliche Klageart gibt. Vor allem ergibt sich dies auch aus der Generalklausel des § 40 I VwGO, der den Rechtsweg in allen öffentlich-rechtlichen Streitigkeiten für eröffnet erklärt, und nicht nur in den Fällen, in denen eine konkret geregelte Klageart statthaft ist.

2. Die Verpflichtungsklage, die auf den Erlass eines VA und damit auf ein Tun gerichtet ist, stellt einen Unterfall der Leistungsklage im weiteren Sinne dar.

- Da die VwGO für die Verpflichtungsklage besondere Voraussetzungen aufstellt, die durch die Anwendung der so gut wie gar nicht ausgestalteten allgemeinen Leistungsklage nicht umgangen werden dürfen, wird deutlich, dass die **allgemeine Leistungsklage gegenüber der Verpflichtungsklage subsidiär** ist. In den Fällen, in denen der Erlass eines VA begehrt wird, ist die Verpflichtungsklage abschließend.
- Gleiches muss auch für das **Verhältnis Anfechtungsklage/allgemeine Leistungsklage** gelten: Auch die Anfechtungsklage erfährt eine besondere Ausgestaltung in der VwGO. Ist Ziel der Klage die Abwehr eines bereits erlassenen VA, scheidet die allgemeine Leistungsklage auf Verurteilung zur Aufhebung aus, da sie gegenüber der Anfechtungsklage subsidiär ist.
- Damit bekommt die allgemeine Leistungsklage eine **Auffangfunktion.** Aufgrund des Gebots des effektiven Rechtsschutzes aus Art. 19 IV GG muss es auch Rechtsschutz geben für die Fälle, in denen eine Leistung begehrt wird, die kein VA ist (d.h. wenn Anfechtungsklage und Verpflichtungsklage ausscheiden).
- Allerdings hat die allgemeine Leistungsklage auch eine völlig **eigenständige Funktion:** Mit ihr kann **Unterlassung** begehrt werden. Dabei sind zwei Fälle zu unterscheiden. Zum einen, dass die Verwaltung bereits einen Eingriff durch schlichtes Verwaltungshandeln vorgenommen hat, und der Kläger die Unterlassung derartiger Eingriffe für die Zukunft begehrt. Zum anderen, dass ein erstmalig drohender Eingriff abgewehrt werden soll.

hemmer-Methode: Lesen Sie sich überblicksmäßig im Skript VWR I, Rn. 9 ff. die unterschiedlichen Klageformen des Verwaltungsprozessrechts durch. Ihnen muss diese Unterteilung unbedingt klar sein!

Die allgemeine Leistungsklage umfasst die Leistungs-Vornahme-Klage und die Leistungs-Unterlassungs-Klage.

Mit der Vornahme-Klage wird ein schlichtes Verwaltungshandeln begehrt. Zum einen fällt darunter der Fall, dass der Kläger ein vorteilhaftes schlichtes Verwaltungshandeln begehrt. Zum anderen dient sie zur Abwehr eines Nachteils oder zur Aufhebung eines rechtswidrigen Eingriffs durch schlichtes Verwaltungshandeln (sog. Beseitigungs- oder Abwehrklage).

Mit der Unterlassungs-Klage soll eine zukünftige Handlung der Verwaltung unterbunden werden.

Nennen Sie die Sachentscheidungsvoraussetzungen der allgemeinen Leistungsklage!

A) Eröffnung des Verwaltungsrechtswegs, § 40 I VwGO

B) Zulässigkeit

I. Klageart: Die Klage muss auf die Vornahme schlichten Verwaltungshandelns oder auf das Unterlassen irgendeines Verwaltungshandelns gerichtet sein.

II. Klagebefugnis, § 42 II VwGO analog.

III. Vorverfahren i.F.d. Widerspruchsverfahrens entfällt, ebenso ist keine Klagefrist einzuhalten.

IV. Allgemeines Rechtsschutzbedürfnis; z.B.: vorheriger Antrag bei der Behörde, Verwirkung.

V. Weitere Zulässigkeitsvoraussetzungen, sofern problematisch.

hemmer-Methode: Auch hier gilt wieder: Legen Sie bei der Bearbeitung der Karteikarten zur allgemeinen Leistungsklage diese Übersichtskarte neben sich, damit Sie sich orientieren und die Probleme an richtiger Stelle einordnen können.

Beachten Sie auch, dass nur eine Mindermeinung die analoge Anwendung des § 42 II VwGO auf die allgemeine Leistungsklage verneint. Vielmehr ist nach dieser Meinung die Klage unbegründet, wenn der Kläger keinen Anspruch auf die geltend gemachte Leistung hat. Nach ganz h.M. hingegen statuiert § 42 II VwGO ein in der VwGO allgemein geltendes Prinzip, nach dem Popularklagen ausgeschlossen werden sollen. Auch die Ähnlichkeit mit der Klagestruktur der Verpflichtungsklage spricht für die analoge Anwendung des § 42 II VwGO.

Folgen Sie in einer Klausur der h.M. mit dem Argument, dass auch bei der Leistungsklage die Gefahr einer Popularklage besteht, die durch das Erfordernis einer eigenen Rechtsbetroffenheit i.S.v. § 42 II VwGO analog verhindert wird.

Bzgl. des Vorverfahrens nach § 68 VwGO und der Klagefrist nach § 74 VwGO hingegen ist allgemein anerkannt, dass diese schon aufgrund des eindeutigen Gesetzeswortlauts keine Anwendung auf die allgemeine Leistungsklage finden. Beachten Sie allerdings § 126 II BBG, der auch für (allgemeine) Leistungsklagen die Durchführung eines Vorverfahrens vorschreibt.

Bei Realakten kann es Schwierigkeiten bereiten, dass als streitentscheidende Normen solche des Privatrechts oder des öffentlichen Rechts in Betracht kommen.

In diesen Fällen kommt es darauf an, ob ein funktionaler Sachzusammenhang mit hoheitlichem Handeln besteht. Ein enger Sachzusammenhang liegt vor, wenn begehrtes Handeln/Unterlassen Reaktionen auf ein hoheitliches Handeln sind (actus-contrarius-Theorie).

Der 1. Bürgermeister äußerte sich in einem Interview, das in der Zeitung erschien. Darin hieß es u.a., dass die von der Religionsgemeinschaft „Heller Stern" betriebene Diskothek der Menschenfängerei diene und zu diesem Zwecke Drogen in die Getränke gemixt würden. Die Gemeinschaft fordert Widerruf und Unterlassung derartiger Äußerungen.

Liegt eine öffentlich-rechtliche Streitigkeit vor i.S.d. § 40 I S. 1 VwGO?

Eine öffentlich-rechtliche Streitigkeit i.S.d. § 40 I S. 1 VwGO liegt dann vor, wenn sich das Klagebegehren als Folge eines Sachverhalts darstellt, der nach öffentlichem Recht zu beurteilen ist. Hier geht es um den Widerruf und die Unterlassung von Äußerungen. Als streitentscheidende Normen kommen sowohl solche des Privatrechts (§§ 1004 I, 823 BGB) als auch solche des öffentlichen Rechts (z.B. Grundrechte, Art. 20 III GG) in Betracht. Somit ist entscheidend, ob der streitentscheidende Anspruch dem öffentlichen oder dem privaten Recht zuzuordnen ist:

- **Nach der sog. actus-contrarius-Theorie richtet sich die Rechtsnatur eines Widerrufs- und Unterlassungsanspruchs nach der Rechtsnatur der Äußerung**. Um diese zu qualifizieren, ist zu untersuchen, in welchem sachlichen Zusammenhang sie getätigt wurde.

  So ist eine Äußerung öffentlich-rechtlich, wenn sie in einem engen Sachzusammenhang mit hoheitlichem Handeln steht. Äußert sich hingegen ein Beamter als Privatmann am Stammtisch, so fehlt ein öffentlich-rechtlicher Sachzusammenhang. Gegen eine solche Äußerung besteht ein privatrechtlicher Abwehranspruch nach § 1004 I BGB, der vor den Zivilgerichten geltend zu machen ist.

- Umstritten ist die Rechtslage, wenn ein Beamter **Äußerungen im Zusammenhang mit der privatrechtlichen Tätigkeit der Verwaltung** macht: In Fällen, in denen es um sog. fiskalische Hilfsgeschäfte geht (z.B. Beschaffung von Büromaterial) oder in denen eine erwerbswirtschaftliche Betätigung der Verwaltung vorliegt (z.B. Porzellanmanufaktur), sind diese Rechtsverhältnisse nach h.M. dem Privatrecht zuzuordnen. Die Verwaltung unterscheidet sich in diesen Fällen nicht von einem privaten Unternehmer. In den Fällen allerdings, in denen die Verwaltung öffentliche Aufgaben in der Form des Privatrechts ausübt (sog. Verwaltungsprivatrecht; z.B. Betrieb eines städtischen Wasserwerks als AG), besteht zwar ein privatrechtlicher Abwehranspruch. Dieser ist allerdings vom öffentlichen Recht teilweise „überlagert“, denn die Verwaltung darf sich nicht durch die Wahl der privatrechtlichen Rechtsform ihren Aufgaben und Bindungen entziehen („keine Flucht ins Privatrecht“).

Hier hat sich der Bürgermeister in seiner Eigenschaft als amtlicher Vertreter der Gemeinde im Zusammenhang mit der Erfüllung sicherheitsrechtlicher Aufgaben öffentlich geäußert. Damit besteht ein enger Sachzusammenhang zu hoheitlichem Handeln. **Damit liegt eine öffentlich-rechtliche Streitigkeit i.S.d. § 40 I S. 1 VwGO vor.**

hemmer-Methode: Das Vorliegen einer öffentlich-rechtlichen Streitigkeit ist immer dann zu problematisieren, wenn der gleiche Sachverhalt auch im Zivilrecht spielen könnte – die negative Äußerung über einen anderen ist ein Paradefall, Lärm- und Geruchsbelästigungen sind die anderen!

Die Rechtsqualität des Abwehranspruchs richtet sich nach der Rechtsqualität des Eingriffs, gegen den er sich richtet. Für die Zuordnung des Eingriffs sind formale und inhaltliche Zweckbestimmungen entscheidend.

Die Gemeinde G errichtet ihre Kläranlage neben dem Grundstück des B. B verlangt die Beseitigung.

Handelt es sich um einen öffentlich-rechtlichen Abwehranspruch?

Die Rechtsqualität des Abwehranspruchs richtet sich nach der Rechtsqualität des Eingriffs, gegen den er sich richtet. Für einen öffentlich-rechtlichen Anspruch muss der Eingriff öffentlich-rechtlich sein. Fraglich ist damit, ob die Errichtung der Kläranlage als öffentlich-rechtlich zu werten ist.

- Von einer Widmung oder einer Benutzungsordnung kann hier mangels Sachverhaltsangaben nicht ohne weiteres ausgegangen werden. (Der BGH nimmt allerdings in einem ähnlich gelagerten Fall an, dass eine konkludente Widmung als öffentliche Einrichtung vorliegt.)

- Allerdings kann hier auf den Zweck abgestellt werden. Die Errichtung von Kläranlagen ist Ausdruck der kommunalen Daseinsvorsorge und geschieht in Erfüllung öffentlicher Aufgaben. Auch steht die Errichtung in einem öffentlich-rechtlichen Planungs- und Funktionszusammenhang. Damit muss auch der Eingriff in diesen Zusammenhang gestellt werden. **Da er öffentlich-rechtlicher Natur ist, muss auch der Abwehranspruch öffentlich-rechtlich sein.**

hemmer-Methode: In der Rspr. häufen sich die Immissionsfälle. Allein im Bereich von Kinderspielplätzen, Schulhöfen und Feuerwehrsirenen gibt es eine Vielzahl von Entscheidungen. Sehen Sie weiterführend dazu die Ausführungen zum Folgenbeseitigungsanspruch in den Karteikarten 50 ff.! Dabei gehen Sie am besten in den folgenden Schritten vor:

1. Steht der Realakt in engem Zusammenhang mit förmlichem Verwaltungshandeln (Widmung, Benutzungsregelung durch Satzung)?

2. Liegt eine konkludente Widmung vor?

3. Besteht ein öffentlich-rechtlicher Planungs- und Funktionszusammenhang?

Lesen Sie in Hemmer/Wüst, Kommunalrecht, Rn. 130 ff. das Kapitel über die öffentlichen Einrichtungen!

Bei der Beteiligung von Kirchen ist wegen Art. 140 GG i.V.m. Art. 137 III WRV zu prüfen, ob überhaupt der Weg zu den staatlichen Gerichten eröffnet ist. Weiterhin ist fraglich, ob der Rechtsweg zum VG eröffnet ist, denn Kirchen können sowohl privatrechtlich als auch (wegen Art. 140 GG i.V.m. Art. 137 V WRV) öffentlich-rechtlich handeln.

Pfarrer H ist Sektenbeauftragter der Evangelisch-Lutherischen Kirche in Bayern. Bei einem Radiointerview warnte er vor der Religionsgemeinschaft „Promised land e.V." (PL). Deren selbsternannter Prophet versuche, die Mitglieder mit einem Absolutheitsanspruch in seine Abhängigkeit zu bringen und unterziehe sie einer Gehirnwäsche. Die PL klagt auf Widerruf und Unterlassung künftiger derartiger Äußerungen.

Ist der Rechtsweg zum VG eröffnet?

1. Staatliche Gerichtsbarkeit

Zu prüfen ist zunächst, ob für das Begehren der PL generell der Weg zu den staatlichen Gerichten eröffnet ist. Nach Art. 140 GG i.V.m. Art. 137 III WRV haben Religionsgemeinschaften das Recht, ihre Angelegenheiten selbstständig zu regeln. In Fällen von rein innerkirchlichen Streitigkeiten findet eine Kontrolle durch staatliche Gerichte nicht statt (z.B. Pensionierung eines Priesters, Wahl von Amtsträgern einer Religionsgemeinschaft). Bei den Warnungen des Sektenbeauftragten könnte das Selbstverständnis der Kirchen im Vordergrund stehen, da es dieser darum geht, Menschen „auf den rechten Weg zu bringen". Allerdings muss im Hinblick auf das Gebot des effektiven Rechtsschutzes nach Art. 19 IV GG der Weg zu den staatlichen Gerichten dann eröffnet sein, wenn Rechte von außerhalb der Kirche Stehenden betroffen sein können. Da durch die Äußerungen des H, die der Kirche als eigene zugerechnet werden, die PL als Außenstehende in Art. 4 I GG betroffen sein kann, sind die staatlichen Gerichte zur Entscheidung berufen.

2. Verwaltungsrechtsweg, § 40 I S. 1 VwGO

Fraglich ist, ob eine öffentlich-rechtliche Streitigkeit vorliegt. Hier begehrt die PL Widerruf und Unterlassung. Ob sich dies nach öffentlichem oder privatem Recht richtet, hängt von der Rechtsnatur des Anspruchs und damit der Rechtsnatur der Äußerung ab. Eine öffentlich-rechtliche Äußerung liegt vor, wenn sie in einem engen Sachzusammenhang mit einer hoheitlichen Tätigkeit steht. Nach Art. 140 GG i.V.m. Art. 137 V WRV ist die Kirche eine Körperschaft des öffentlichen Rechts. Allerdings führt dies nicht dazu, jegliches Handeln der Kirche als öffentlich-rechtlich zu qualifizieren. Vielmehr können Kirchen sowohl öffentlich-rechtlich als auch privatrechtlich handeln. Als öffentlich-rechtlich ist die Tätigkeit der Kirche grundsätzlich dann zu qualifizieren, wenn sie kraft staatlicher Beleihung öffentliche Gewalt ausübt, z.B. bei der Kirchensteuer. Ein solcher Fall liegt hier allerdings nicht vor. In Fällen, in denen der Kernbereich des kirchlichen Wirkens betroffen ist, spricht nach Ansicht der Rspr. eine Vermutung für den öffentlich-rechtlichen Charakter der Handlung. Fraglich ist somit, ob die vorliegende Äußerung zum Kernbereich der Kirchentätigkeit gehört. Dies ist zu bejahen, da hier die Kirche vor anderen Religionsgemeinschaften warnt und sich von diesen abgrenzt. **Damit liegt eine öffentlich-rechtliche Streitigkeit vor; der Verwaltungsrechtsweg nach § 40 I S. 1 VwGO ist eröffnet.**

hemmer-Methode: Die Warnung vor neuartigen Sekten führt zu einer Vielzahl von Problemen – v.a. Rechtsweg, mittelbarer Grundrechtseingriff, Erfordernis einer Rechtsgrundlage. Aus diesem Grund bietet sich dieses Thema für eine Examensklausur geradezu an!

Die Auszahlung von Geldbeträgen stellt keinen VA, sondern einen Realakt dar. Die Geltendmachung von Zahlungsansprüchen ist damit ein typischer Anwendungsfall der allgemeinen Leistungsklage. Bei diesen Fällen wird regelmäßig die Sonderzuweisung des § 40 II S. 1 VwGO oder des § 49 VI S. 3 VwVfG zu beachten sein.

1. **A wird von einer Kugel des Polizeibeamten P verletzt. P hatte auf einen flüchtigen Verbrecher geschossen und dabei versehentlich den A getroffen. A verlangt Entschädigung.**
2. **Die Polizei stellt den Pkw des A nach einem Verkehrsunfall sicher. A möchte diesen wiederhaben und verlangt Schadensersatz, da das Auto beim Abstellen an einen Pfosten gestoßen und nun die Stoßstange eingedellt ist.**
3. **Die Polizei verwahrt einen Hund als Fundsache. Nun verlangt sie vom Eigentümer A Ersatz der Futterkosten.**

Besteht eine Sonderzuweisung?

1. Nach § 40 II S. 1 VwGO sind vermögensrechtliche Ansprüche aus Aufopferung für das gemeine Wohl (vgl. §§ 74, 75 Einl.Preuß.ALR) den ordentlichen Gerichten zugewiesen. Der Aufopferungsanspruch sichert Entschädigungsansprüche bei hoheitlichen Eingriffen in nicht vermögenswerte Güter wie Leben, Gesundheit, Freiheit. Der Aufopferungsanspruch umfasst nicht die Beseitigung der Folgen der Aufopferung. **Da es sich hier um einen Aufopferungsanspruch handelt, besteht eine Sonderzuweisung an die ordentlichen Gerichte (vgl. auch die jeweiligen leges speciales im Landes-Polizeigesetz, etwa Art. 90 (Bay)PAG).**

2. Für vermögensrechtliche Ansprüche aus einem öffentlich-rechtlichen Verwahrungsverhältnis ist nach § 40 II S. 1 VwGO der Weg zu den Zivilgerichten eröffnet. Ein solches könnte hier gegeben sein. Ein öffentlich-rechtliches Verwahrungsverhältnis besteht, wenn eine Behörde eine Sache zur Aufbewahrung für eine Privatperson kraft öffentlichen Rechts in Besitz hat. Dies ist bei der Sicherstellung des Pkw der Fall. Vermögensrechtliche Ansprüche aus öffentlich-rechtlicher Verwahrung umfassen sowohl Schadensersatzansprüche wegen Verletzung der Verwahrerpflichten als auch Ansprüche auf Rückgabe der verwahrten Sache. **Damit besteht eine Sonderzuweisung zu den ordentlichen Gerichten.** Daneben ist an Ansprüche aus Amtshaftung zu denken, für die nach Art. 34 S. 3 GG ebenfalls der ordentliche Rechtsweg gegeben ist.

3. Auch hier liegt ein öffentlich-rechtliches Verwahrungsverhältnis vor. Daher könnte nach § 40 II S. 1 VwGO der Weg zu den Zivilgerichten eröffnet sein. Dabei muss allerdings berücksichtigt werden, dass § 40 II S. 1 VwGO den Weg zu den ordentlichen Gerichten deshalb anordnet, weil häufig ein enger Sachzusammenhang mit Amtshaftungs- und Enteignungsansprüchen besteht. Diese können naturgemäß aber nur dem Bürger gegen den Staat zustehen. **Daher gilt bei Ansprüchen des Staates gegen den Bürger die Sonderzuweisung nicht; der Verwaltungsrechtsweg ist eröffnet**.

hemmer-Methode: Lesen Sie den § 40 II S. 1 VwGO! Neben den aufgezeigten Fällen besteht auch für Schadensersatzansprüche aus der Verletzung von öffentlich-rechtlichen Pflichten, die nicht auf öffentlich-rechtlichem Vertrag beruhen, eine Zuweisung zu den ordentlichen Gerichten. Solche Schadensersatzansprüche werden aber nur dann von § 40 II S. 1 VwGO erfasst, wenn „sie unmittelbar als solche und ausschließlich Gegenstand der Klage sind" (BVerwGE 27, 132). Hierher gehören Ansprüche wegen Verzuges aus einem außervertraglichen öffentlich-rechtlichen Schuldverhältnis, Ansprüche aus Amtshaftung (§ 839 BGB i.V.m. Art. 34 S. 3 GG), Ansprüche aus der Verletzung öffentlich-rechtlicher Benutzungsverhältnisse.

Für Entschädigungsansprüche wegen Widerrufs eines rechtmäßigen VA sei nochmals auf § 49 VI S. 3 VwVfG verwiesen (vgl. auch Karteikarte 6).

Der Kläger kann mit der allgemeinen Leistungsklage nicht den Erlass oder die Aufhebung eines VA verlangen. Das vom Kläger begehrte positive Tun darf keine VA-Qualität besitzen.

A ist leider durch ihre Bachelorprüfung gefallen und will den Prüfungsbescheid angreifen. Sie begehrt die Einsicht in die Behördenakten und beantragt die Übersendung in die Kanzlei ihrer Prozessbevollmächtigten. Die Behörde lehnt den Antrag ab, weil die Übersendung der Akten zu einer erheblichen Mehrbelastung führe und eine Ausnahme von Grundsatz des § 29 III S. 1 VwVfG nach § 29 III S. 2 VwVfG nicht gemacht werden könne. A erhebt Klage mit dem Antrag, den Behördenträger zur Übersendung zu verpflichten.

Ist eine Verpflichtungsklage statthaft?

Voraussetzung für eine Verpflichtungsklage ist, dass der Erlass eines VA begehrt wird, § 42 I S. 1 Alt. 2 VwGO. In der Übersendung der Akten kann ein solcher VA mangels Regelungswirkung nicht gesehen werden.

- Denkbar ist aber, dass auf die Entscheidung, dem A die Akten (nicht) zu senden, abzustellen ist: Wenn diese nicht nur eine behördeninterne Vorbereitungshandlung darstellt, kommt der Entscheidung VA-Qualität zu. So hat das BVerwG i.R. einer Auskunftserteilung gegen eine Verfassungsschutzbehörde entschieden. Der Schwerpunkt liege nicht in der Erteilung der Auskunft (= Realakt) selbst, sondern in der Entscheidung, ob und in welchem Umfang die Behörde von dem grundsätzlich bestehenden Geheimhaltungsanspruch im Einzelfall abrückt und so ausnahmsweise Auskunft erteilt (= VA). Auch im vorliegenden Fall könnte darauf abzustellen sein, dass der Schwerpunkt des behördlichen Handelns auf der Ermessensentscheidung nach § 29 III S. 2 VwVfG liegt, ob die Akten hinausgegeben werden.
- Hier ist allerdings zu beachten, dass es sich bei der Entscheidung, der Prozessbevollmächtigten der A die Akten nicht zu übersenden, um eine behördliche Verfahrenshandlung i.S.d. § 44a VwGO handelt. Die Verweigerung der Aktenübersendung ist in dem die A betreffenden, noch nicht abgeschlossenen Prüfungsanfechtungsverfahren ergangen.

§ 44a VwGO schließt aber selbständige Rechtsbehelfe gegen Verfahrenshandlungen aus; diese können vielmehr nur gleichzeitig mit dem gegen die Sachentscheidung zulässigen Rechtsbehelf geltend gemacht werden. **Damit ist eine Verpflichtungsklage auf Übersendung der Akten nicht statthaft.**

hemmer-Methode: § 44a VwGO sollte Ihnen bekannt sein (lesen!). Die Literatur nimmt an, dass selbständige Rechtsbehelfe gegen behördliche Verfahrenshandlungen deshalb ausgeschlossen sind, weil es am Rechtsschutzbedürfnis fehlt. Nach der Rspr. des BVerwG (NJW 82, 120) fehlt den behördlichen Verfahrenshandlungen der eigene Regelungsgehalt.

Auch von der Rspr. zu der Auskunftserteilung der Verfassungsschutzämter sollten Sie schon einmal etwas gehört haben. Lesen Sie dazu den Fall in Hemmer/Wüst, Verwaltungsrecht II, Rn. 176.

Die Normerlassklage

Bei der allgemeinen Leistungsklage darf die begehrte Handlung nicht im Erlass eines VA bestehen. Alle anderen Handlungsformen der Verwaltung sind als Gegenstand der allgemeinen Leistungsklage denkbar.

Ob auch der Erlass einer Norm als Verwaltungshandeln anzusehen ist, ist umstritten.

K, die selbstständig ein Ladengeschäft für Naturkosmetik betreibt, ist Kreisrätin in Bayern. Sie verlangt vom Landkreis L eine Verdienstausfallentschädigung. Nach Art. 14a II Nr. 2 BayLKrO können die entsprechenden Satzungen eine solche Entschädigung vorsehen. (Angestellten und Arbeitern wird nach Art. 14a II Nr. 1 BayLKrO der Verdienstausfall ersetzt.) Da die Satzung des Landkreises davon keinen Gebrauch gemacht hatte, blieben selbstständig Tätige ohne Verdienstausfallentschädigung. K klagt gegen L auf Erlass einer entsprechenden Norm.

Welche Klageart ist statthaft?

Welche Klageart in solchen Fällen zu wählen ist, ist umstritten.

- **Nach e.A. kommt eine analoge Anwendung der Normenkontrollklage nach § 47 VwGO in Betracht,** da der Erlass einer Norm mit demselben Rechtsschutz durchzusetzen sei wie ihre Aufhebung. Außerdem sei es angebracht, dass Normerlassanträge der erstinstanziellen Zuständigkeit des OVG/VGH unterstellt werden. Nach a.A. ist zwischen der echten Normerlassklage (Tätigwerden des Normgebers außerhalb bestehender Normen) und der unechten Normerlassklage (Ergänzung bestehender Normen) zu differenzieren. Während bei der unechten Normerlassklage der § 47 VwGO analog anzuwenden sei, gelte dies für die echte Normerlassklage nicht.
- **Das BVerwG hingegen verneint für beide Arten den Weg über § 47 VwGO analog:** Gegen die Anwendung auf die echte Normerlassklage spreche, dass der Wortlaut des § 47 VwGO eindeutig voraussetze, dass die angegriffene Norm bereits bestehe. Die unechte Normerlassklage hingegen setze das Fortbestehen der beanstandeten Norm voraus, während der Antrag nach § 47 VwGO auf die Feststellung der Nichtigkeit der Norm ziele, § 47 V VwGO. Insbesondere bestehe auch wegen der Möglichkeit der Feststellungsklage und der allgemeinen Leistungsklage nicht die erforderliche Regelungslücke für die analoge Anwendung des § 47 VwGO. Diese Ansicht berücksichtigt auch den Wortlaut des § 45 VwGO, der von der Grundsatzzuständigkeit des VG ausgeht, und nur in gesetzlich geregelten Ausnahmefällen die erstinstanzliche Zuständigkeit des OVG/VGH zulässt.
- **Nach Ansicht des BayVGH ist die allgemeine Leistungsklage zutreffende Klagear**t. Begründet wird dies vor allem mit der Subsidiarität der Feststellungsklage, § 43 II S. 1 VwGO. Bedenklich an dieser Ansicht ist allerdings, dass eine Verurteilung zum Erlass einer Rechtsnorm mit einem bestimmten Inhalt zu einem Gewaltenteilungskonflikt zwischen Exekutive und Judikative führte.
- **Deshalb sieht das BVerwG die Feststellungsklage gem. § 43 VwGO als richtige Klageart an.** Deren Subsidiarität komme in diesen Fällen nicht zum Tragen. In ständiger Rspr. lässt das BVerwG die Feststellungsklage zu, wenn sie sich gegen einen Träger öffentlicher Gewalt richtet. Von diesem könne wegen Art. 20 III GG erwartet werden, dass er aus einem Feststellungsurteil Konsequenzen ziehen werde.
  Diese Ansicht ist vorzugswürdig, da sie dem Gewaltenteilungsgrundsatz gerecht wird.

hemmer-Methode: Beachten Sie, dass ein Anspruch auf Normerlass gerade aufgrund des oben aufgezeigten Konflikts mit dem Gewaltenteilungsprinzip nur ausnahmsweise bestehen kann. Nur in dem Fall, dass keine andere Möglichkeit des Rechtsschutzes besteht, kann die Judikative eingreifen.

Grundsätzlich ist für die Beseitigung einer untergesetzlichen Norm die Normenkontrollklage nach § 47 I VwGO vorrangig. Eine allgemeine Leistungsklage ist aber denkbar, wenn das Normenkontrollverfahren nicht zur Verfügung steht, weil das jeweilige Bundesland nicht von der Möglichkeit des § 47 I Nr. 2 VwGO Gebrauch gemacht.

B ist Bürger der Gemeinde G. Er möchte gegen eine Gebührensatzung der Gemeinde für die Benutzung der gemeindlichen Wasserversorgung vorgehen, weil nach seiner Ansicht die Berechnungsmaßstäbe nicht mit dem Äquivalenzprinzip vereinbar sind und zudem ein Verstoß gegen das Willkürverbot vorliegt, weil eine Ausnahmeregelung fehlt.

Kann B die Satzung mit der allgemeinen Leistungsklage angreifen?
(Von der Ermächtigung des § 47 I Nr. 2 VwGO wurde in dem betreffenden Bundesland kein Gebrauch gemacht.)

Da das betreffende Bundesland keinen Gebrauch von der Möglichkeit der Einführung einer Normenkontrolle nach § 47 I Nr. 2 VwGO gemacht hat, und die Satzung nicht von § 47 I Nr. 1 VwGO erfasst wird, stellt sich die Frage, ob dem B überhaupt eine Überprüfungsmöglichkeit zusteht:

- Dies wird von der h.M. im Hinblick auf Art. 19 IV GG bejaht. Dieser gebietet umfassenden Rechtsschutz. Und damit auch Rechtsschutz gegen untergesetzliche Normen, wenn diese den Kläger beeinträchtigen: Unter den Begriff der „öffentlichen Gewalt“ fällt auch die untergesetzliche Norm, sodass auch diese von Verfassungs wegen einer Gerichtskontrolle zugänglich sein muss. Es kann im Hinblick auf Art. 19 IV GG nicht darauf ankommen, ob die Maßnahme der öffentlichen Gewalt eine Einzelfallentscheidung oder ein Rechtssatz ist.
- Fraglich ist allerdings, ob für die Überprüfung der Satzung die allgemeine Leistungsklage statthaft ist. Da die VwGO nicht explizit den Klagegegenstand einer allgemeinen Leistungsklage nennt, ist denkbar, dass auch Normen tauglicher Gegenstand der allgemeinen Leistungsklage sein können. Dies ist jedoch abzulehnen. Zwar verlangt Art. 19 IV GG eine gerichtliche Überprüfung, allerdings kann dem nicht entnommen werden, dass dies im Wege der Leistungsklage zu erfolgen hat. Die Regelung des § 47 VwGO zeigt, dass die VwGO die Überprüfung von Rechtssätzen im Wege des Normenkontrollverfahrens vornehmen will. Dieses ist aber seinem Wesen nach ein Feststellungsverfahren. **Da fehlerhafte Rechtssätze grundsätzlich nichtig sind und damit genau betrachtet nicht aufgehoben werden können (vielmehr ihre Nichtigkeit nur festgestellt werden kann, § 43 II S. 2 VwGO), ist die Feststellungsklage die richtige Klageart zur Überprüfung einer untergesetzlichen Norm.**

hemmer-Methode: Das BVerfG verneint eine aus Art. 19 IV GG fließende Verpflichtung zur bundesweiten Einführung der Normenkontrollklage entspr. § 47 I Nr. 2 VwGO. Den Erfordernissen effektiven gerichtlichen Rechtsschutzes gem. Art. 19 IV GG genügt nach h.M. auch die Klage nach § 43 VwGO auf Feststellung, dass der Normgeber mit dem Erlass einer bestimmten untergesetzlichen Rechtsvorschrift gegen Rechte des Klägers verstößt bzw. die Norm aufgrund ihrer Unwirksamkeit für den Kläger keine Rechtsfolgen entfaltet. Problematisch dabei ist aber, dass dem Feststellungsurteil keine Allgemeinverbindlichkeit zukommt. Anders aber bei der Normenkontrolle nach § 47 VwGO, vgl. § 47 V S. 2 HS 2 VwGO.

Leistungs-Unterlassungs-Klage

Die allgemeine Leistungsklage umfasst die Vornahme-Klage und die Unterlassungs-Klage. Letztere richtet sich gegen jegliches künftiges Verwaltungshandeln in Form der vorbeugenden Unterlassungsklage, damit auch gegen einen drohenden VA (h.M.).

Für die Klage auf Unterlassung lassen sich zwei Fälle unterscheiden: Unterlassungsklage und vorbeugende Unterlassungsklage.

Unterscheiden Sie diese und bilden Sie jeweils ein Beispiel!

1. Die Verwaltung hat bereits einen Eingriff durch schlichtes Handeln vorgenommen. Der Kläger begehrt nun die Unterlassung derartiger Eingriffe in der Zukunft (sog. Unterlassungsklage).

- Gegen die Zulässigkeit bestehen keine Bedenken, wichtig ist nur, dass eine Wiederholungsgefahr vorliegt. Oftmals wird dieser Antrag verbunden mit einer Leistungs-Vornahme-Klage auf Beseitigung der bereits eingetretenen Folgen des Eingriffs.
- Bsp.: Der Kläger wohnt neben der Grundschule. Er klagt auf künftige Unterlassung der Geräuschimmissionen, die vom Schulhof auch nachmittags ausgehen, weil die Kinder diesen als Spielplatz nutzen.

Weitere Bspe.: Lärm einer Feuerwehrsirene, fehlerhafte behördliche Warnungen, hoheitliche ehrverletzende Äußerungen.

2. Die Verwaltung beabsichtigt, einen Eingriff in Form schlichten Verwaltungshandelns vorzunehmen. Dieser soll von vorneherein verhindert werden (sog. vorbeugende Unterlassungsklage).

- Bsp.: Gemeinde W beabsichtigt, anlässlich des 50-jährigen Bestehens der freiwilligen Feuerwehr ein großes Fest zu veranstalten. Als Höhepunkt des Festakts ist geplant, um 22 Uhr einen fünfminütigen Probealarm mit der neuen Sirene durchzuführen. Bürger A fühlt sich in seiner Nachtruhe gestört und will den Probealarm verhindern.
- Zu beachten ist bei der vorbeugenden Unterlassungsklage, dass es eines qualifizierten Rechtsschutzbedürfnisses bedarf, da die VwGO grundsätzlich nachträglichen Rechtsschutz vorsieht. Nach Ansicht des BVerwG setzt die Zulässigkeit der vorbeugenden Unterlassungsklage jedenfalls voraus, dass das künftige Verwaltungshandeln hinreichend bestimmt ist (sowohl nach seinem Inhalt als auch nach seinen rechtlichen und tatsächlichen Voraussetzungen). Hat der Kläger besondere Gründe, die es rechtfertigen, das schlichte Verwaltungshandeln nicht abzuwarten, geht die heute h.M. von der Zulässigkeit der vorbeugenden Unterlassungsklage aus.

hemmer-Methode: Beachten Sie, dass es sich bei der vorbeugenden Unterlassungsklage nicht um eine besondere Klageart handelt, sondern um einen Unterfall der allgemeinen Leistungsklage.

Lesen Sie zum Problemkreis der vorbeugenden Unterlassungsklage gegen drohende VAe Hemmer/Wüst, Verwaltungsrecht III, Rn. 271 ff.!

Klagt der Staat gegen den Bürger auf Erbringung eines geschuldeten Verhaltens, liegt darin eine allgemeine Leistungsklage (sog. „Bürgerverurteilungsklage“).

Zugrundeliegende Forderungen sind häufig Zahlungsansprüche des Staates gegen den Bürger.

Nach Aufhebung eines Leistungsbescheids klagt das Land L aus § 49a VwVfG gegen den Empfänger A auf Rückzahlung der ihm gewährten Geldleistungen. A beruft sich auf den Wegfall der Bereicherung.

Besteht ein Rechtsschutzbedürfnis?

Ein Rechtsschutzbedürfnis besteht dann, wenn dem Land L kein einfacherer Weg als die allgemeine Leistungsklage zur Verfügung steht, um die Rückzahlung des Geldes zu erreichen. Es ist grundsätzlich zu verneinen, wenn das Land L sein Recht auch ohne Inanspruchnahme des Gerichts verwirklichen kann. So kann das Land, wenn es bereits einen in einem VA titulierten Leistungsanspruch hat, diesen bei Nichtbefolgung auch ohne gerichtlichen Titel im Wege der Verwaltungsvollstreckung zwangsweise durchsetzen.

- Hier allerdings hat das Land seinen Erstattungsanspruch noch nicht in einem VA tituliert. Dazu besteht allerdings die Möglichkeit nach **§ 49a I S. 2 VwVfG**. Deshalb fehlt hier grundsätzlich das Rechtsschutzbedürfnis, da der Leistungsbescheid die einfachere Maßnahme ist.
- Fraglich ist jedoch, wie es sich auswirkt, dass der A sich auf den Wegfall der Bereicherung beruft. Er bekundet damit, dass er zur Rückzahlung nicht bereit ist. In solchen Fällen, in denen der Erstattungsschuldner zu erkennen gibt, dass er einen Leistungsbescheid anfechten würde und damit ohnehin mit einem gerichtlichen Vorgehen zu rechnen ist, sieht die h.M. eine **allgemeine Leistungsklage auf Rückzahlung** als zulässig an. Sie scheitert dann nicht am Rechtsschutzbedürfnis des Landes. Dass nach § 49a I S. 2 VwVfG ein Leistungsbescheid erlassen werden muss, ändert daran nichts.

hemmer-Methode: Arbeiten Sie im Skript VWR I, Rn. 494b ff. die Passage über § 49a VwVfG durch!

Zur Veranschaulichung des Problemkreises der „Bürgerverurteilungsklage“ sei Ihnen die in BayVBl. 1993, 286, 317 ff. abgedruckte Examensklausur empfohlen: Zu prüfen war die Rückerstattung eines Zuschusses, die sich nach der Bundeshaushaltsordnung richtete.

Die allgemeine Leistungsklage ist begründet, wenn dem Kläger der behauptete Anspruch tatsächlich zusteht, dieser durchsetzbar ist und die Klage gegen den richtigen Beklagten gerichtet ist.

Bei fehlender Spruchreife findet § 113 V S. 2 VwGO entsprechende Anwendung, mit der Folge, dass ein Bescheidungsurteil ergehen wird.

Findet § 78 VwGO analoge Anwendung auf die allgemeine Leistungsklage?

Grundsätzlich gilt § 78 VwGO wegen seiner Stellung im achten Abschnitt („Besondere Vorschriften für Anfechtungs- und Verpflichtungsklagen") nur für diese beiden Klagearten. Fraglich ist jedoch, ob § 78 VwGO analog auf die allgemeine Leistungsklage angewendet werden kann.

- **Nach h.M. kann wegen Ähnlichkeit der Klagestruktur zwischen allgemeiner Leistungsklage und Verpflichtungsklage zumindest § 78 I Nr. 1 VwGO entsprechend angewendet werden**. Damit ist die Klage gegen den Bund, das Land oder die Körperschaft zu richten, gegen deren Behörde der Leistungsanspruch gerichtet ist (sog. Rechtsträgerprinzip).

- Etwas anderes gilt jedoch für § 78 I Nr. 2 VwGO. Nach h.M. darf bei der allgemeinen Leistungsklage nicht das Landesrecht bestimmen, dass an die Stelle der Körperschaft eine Behörde treten kann.

hemmer-Methode: Lesen Sie insgesamt zur Passivlegitimation (bzw. zur Klagegegnerschaft) Hemmer/Wüst, Verwaltungsrecht I, Rn. 230!

Verdeutlichen Sie sich auch, dass der Obersatz der allgemeinen Leistungsklage dem der Verpflichtungsklage weitgehend ähnelt, was aus der Ähnlichkeit der Klagebegehren resultiert.

Aufrechnung mit rechtswegfremder Forderung

Bei der Prüfung, ob dem Kläger ein Anspruch zusteht, kann es darauf ankommen, ob wirksam aufgerechnet worden ist. Die Durchsetzbarkeit fehlt, wenn Einreden entgegenstehen.

Das Land B erhebt allgemeine Leistungsklage gegen A auf Rückzahlung von dem A gewährten Geldleistungen. Im Prozess vor dem VG erklärt A die Aufrechnung in gleicher Höhe, da er gegen das Land B einen Anspruch aus Amtspflichtverletzung habe. Entstanden sei dieser durch die monatelangen rechtswidrigen und schuldhaften Straßensperren der Polizei. Dadurch sei der Wert seines Grundstücks, das er habe verkaufen wollen, erheblich gesunken, und er habe einen wesentlich niedrigeren Kaufpreis erzielt. Das Land B zweifelt am Bestehen einer solchen Gegenforderung.

Wird das VG die Aufrechnung zulassen?

Grundsätzlich ist eine Aufrechnung gem. §§ 387 ff. BGB auch gegen und mit öffentlich-rechtlichen Forderungen zulässig und vom VG zu beachten. Denn die Aufrechnung entspricht einem allgemeinen Rechtsgrundsatz, der auch außerhalb des Privatrechts weitgehend entsprechende Anwendung findet.

- Problematisch ist hier allerdings, dass die Gegenforderung aus Art. 34 S. 1 GG i.V.m. § 839 BGB vor den Zivilgerichten einzuklagen ist gem. Art. 34 S. 3 GG i.V.m. § 40 II S. 1 VwGO, während für die Hauptforderung des Landes der Weg zu dem VG besteht. Es handelt sich um eine **sog. „rechtswegfremde Forderung“.** Nach § 322 II ZPO, der über § 173 VwGO Anwendung findet, erwächst die Entscheidung, dass die Gegenforderung aufgrund der Aufrechnung nicht mehr besteht, ausnahmsweise in Rechtskraft. Deshalb verneinte die h.M. früher eine Entscheidungsbefugnis des VG.
- Dieser h.M. könnte aber § 17 II GVG entgegenstehen (über § 173 VwGO anwendbar). Danach entscheidet das Gericht den Rechtsstreit unter allen rechtlichen Gesichtspunkten. Strittig ist jedoch, ob § 17 II S. 1 GVG sich auch auf Aufrechnungen mit rechtswegfremden Forderungen erstreckt. Eine Ansicht verneint dies generell, da es sich insoweit nicht um einen „rechtlichen“ Gesichtspunkt i.S.d. § 17 II S. 1 GVG handele, sondern um ein selbstständiges Gegenrecht, für das ebenso wie in den Fällen der Widerklage und der objektiven Klagehäufung keine Entscheidungsbefugnis bestehe. Nach h.M. jedoch gilt der § 17 II GVG grds. auch für Aufrechnungen mit rechtswegfremden Forderungen, da er von der „Gleichwertigkeit aller Rechtswege“ ausgehe. Auch sei dieses Ergebnis i.S.d. Gebots der Prozessökonomie.
- Fraglich ist jedoch, ob sich hier etwas anderes ergeben könnte, da A mit einem **Anspruch aus Amtspflichtverletzung gem. Art. 34 S. 1 GG i.V.m. § 839 BGB** aufrechnen möchte. In diesen Fällen fehlt auch nach h.M. dem VG die Rechtswegkompetenz, denn durch Art. 34 S. 3 GG ist der ordentliche Rechtsweg verfassungsrechtlich garantiert. Eine Zulassung würde die Rechtswegkompetenz der ordentlichen Gerichte verletzen. Dieses Ergebnis wird auch von § 17 II S. 2 GVG bestätigt.

Damit muss das VG die Aufrechnung zurückweisen.

hemmer-Methode: Dem Gericht bleibt in einem solchen Fall die Möglichkeit, nach § 94 S. 1 VwGO das Verfahren auszusetzen und dem A gleichzeitig eine Frist zu setzen, innerhalb derer er die von ihm behauptete Gegenforderung vor dem zuständigen Zivilgericht geltend zu machen hat.

Mit der allgemeinen Leistungsklage kann der Bürger auch öffentlich-rechtliche Abwehransprüche im weiteren Sinne geltend machen. Dabei geht es um die Abwehr von Realakten bzw. um die Beseitigung von deren Folgen.

Welche Unterarten der öffentlich-rechtlichen Abwehransprüche gibt es?

1. Öffentlich-rechtlicher Unterlassungsanspruch

Hier möchte der Bürger ein zukünftiges Handeln der Verwaltung verhindern (siehe auch Karteikarte 44). Dabei handelt es sich bei dem vorbeugenden Unterlassungsanspruch gegen einen erstmalig drohenden Eingriff um eine Ausnahme vom Rechtsschutzsystem der VwGO, nach dem der Bürger erst einen Eingriff über sich ergehen lassen muss, ehe er sich wehren kann. Deshalb müssen besondere Gründe vorliegen, die es rechtfertigen, den VA oder das Verwaltungshandeln nicht abzuwarten. Diese besonderen Gründe liegen vor, wenn der Rechtsschutz nur über eine Anfechtung einer Vielzahl von VAen erreicht werden kann, wenn die Gefahr faktischen Vollzugs besteht oder wenn der nachrangige Rechtsschutz für den Bürger sonst unzumutbar wäre.

2. Öffentlich-rechtlicher Beseitigungsanspruch

- **Öffentlich-rechtlicher Folgenbeseitigungsanspruch (FBA)**

Der FBA ist gerichtet auf die Wiederherstellung des Zustands, der im Zeitpunkt des Eingriffs bestand (status quo ante). Es geht dabei nicht um Entschädigung, sondern um Wiederherstellung. Im Gegensatz zum Unterlassungsanspruch geht es um die Beseitigung rechtswidriger Beeinträchtigungen, die aus vergangenen (auch nicht rechtswidrigen) Eingriffen resultieren.

Man kann zwischen dem sog. Vollzugs-FBA (siehe § 113 I S. 2 VwGO) und dem schlichten FBA differenzieren. Beim ersteren sind die zu beseitigenden Folgen durch den Vollzug eines VA entstanden, beim schlichten FBA durch bloßen Realakt.

- **Öffentlich-rechtlicher Erstattungsanspruch**

Der Erstattungsanspruch ist gerichtet auf die Rückabwicklung einer ohne Rechtsgrund erfolgten Vermögensverschiebung. Er dient dem Bereicherungsausgleich im öffentlichen Recht.

hemmer-Methode: Lesen Sie zum öffentlich-rechtlichen Unterlassungsanspruch Hemmer/Wüst, Verwaltungsrecht III, Rn. 271 ff.!

Der öffentlich-rechtliche Erstattungsanspruch wird hier unter dem Punkt der Abwehransprüche behandelt, denn der auf Rückzahlung einer ohne Rechtsgrund erfolgten Vermögensverschiebung gerichtete Erstattungsanspruch dient letztendlich der Beseitigung eines rechtswidrigen Zustands.

Prüfungsschema zum FBA

Macht der Kläger einen FBA geltend, dann ist die Klage begründet, wenn dem Kläger der behauptete FBA tatsächlich zusteht, ohne dass Einreden entgegenstehen, und die Klage gegen den richtigen Beklagten gerichtet ist.

Erstellen Sie ein Prüfungsschema zum FBA!

1. Kurze Darstellung der Rechtsgrundlage bzw. der dogmatischen Herleitung
2. Eingriffsobjekt: subjektives Recht des Bürgers (meist Art. 14 I S. 1, 2 II, 1 I GG i.V.m. Art. 2 I GG)
3. Hoheitlicher Eingriff
4. Dadurch Schaffung eines rechtswidrigen, noch andauernden Zustands (keine Legalisierung); keine Rechtswidrigkeit, wenn Zustand vom Kläger zu dulden
5. Wiederherstellung ist
   - möglich
   - rechtlich zulässig (Problem: Eingriff in Rechte Dritter)
   - zumutbar (wenn nicht → Entschädigung)
6. Ausschluss oder Einschränkung wegen Mitverschuldens analog § 254 BGB (vgl. Karteikarte 53)

hemmer-Methode: Beim FBA handelt es sich um ein Problem, das durchaus Gegenstand einer Examensklausur sein kann. Hier lassen sich viele Probleme miteinander verknüpfen. Oftmals wird der Schwerpunkt der Klausur auf der Rechtswidrigkeit des Zustands und der Prüfung einer eventuell bestehenden Duldungspflicht des Klägers liegen. Duldungspflichten kommen insbesondere aus § 906 BGB analog und § 22 BImSchG in Betracht. Daneben kann jeder wirksame (nicht zwingend rechtmäßige) VA eine Duldungspflicht begründen. Hier muss immer zunächst der VA angefochten werden.

Beachten Sie, dass Folgenbeseitigung, Entschädigung und Schadensersatz wegen der unterschiedlichen Rechtswege voneinander abzugrenzen sind: Bei der Entschädigung handelt es sich um einen Billigkeitsausgleich, der sich am Gerechtigkeitsgrundsatz orientiert. Er wird vor den ordentlichen Gerichten geltend gemacht (z.B. Art. 14 III S. 4 GG). Auch der Anspruch auf Schadensersatz ist regelmäßig vor den ordentlichen Gerichten geltend zu machen (z.B. Art. 34 S. 3 GG i.V.m. § 839 BGB, § 40 II VwGO).

Für den FBA, der auf Wiederherstellung gerichtet ist, ist das VG zuständig. Nach der h.M. wandelt sich in den Fällen, in denen den Betroffenen ein Mitverschulden trifft oder die Wiederherstellung nicht zumutbar ist, der FBA in einen sog. Folgenentschädigungsanspruch (Ausgleichsanspruch in Geld). Sehr strittig ist, ob es dann bei der Zuständigkeit des VG bleibt oder ob nun § 40 II VwGO greift, weil es sich bei der Entschädigungsfrage um einen Unterfall des enteignungsgleichen Aufopferungsanspruchs handelt.

Rechtsgrundlage des FBA

Der FBA geht weder auf Schadensersatz noch auf Entschädigung, sondern auf die Beseitigung der Folgen des Verwaltungshandelns. Er ist gerichtet auf die Wiederherstellung des Zustands, der im Zeitpunkt des Eingriffs bestand. Wichtig ist, dass nicht der Eingriff rechtswidrig sein muss, sondern der durch den Eingriff geschaffene Zustand.

Nennen Sie die Rechtsgrundlage des FBA!

Die Rechtsgrundlage des FBA ist in Literatur und Rspr. umstritten. § 113 I S. 2 VwGO kann nicht als Rechtsgrundlage herangezogen werden, da dieser zwar den FBA voraussetzt, allerdings nur dessen prozessuale Durchsetzung regelt.

- Ursprünglich sah man die zivilrechtlichen Abwehransprüche aus §§ 12, 862, 1004 I BGB als Rechtsgrundlage des öffentlich-rechtlichen FBA an, da diesen ein allgemeiner Rechtsgrundsatz zugrunde liege, der auch im öffentlichen Recht Geltung habe.
- Nach a.A. beruht der FBA auf Gewohnheitsrecht.
- Eine a.A. sieht Art. 20 III GG, die Gesetzmäßigkeit der Verwaltung, als Grundlage des FBA.
- Nach mittlerweile wohl h.M. sind jedoch die im Einzelfall einschlägigen Grundrechte heranzuziehen. (Hier wird häufig Art. 14 I GG heranzuziehen sein.) Art. 20 III GG vermittle keine subjektiven Rechte, sondern stelle nur ein objektiv-rechtliches Prinzip dar. Die Grundrechte hingegen stellten in erster Linie Abwehrrechte des Bürgers gegen den Staat dar. Im Falle, dass eine effektive Gewährleistung der grundrechtlich geschützten Freiheitssphäre nicht anders zu erreichen sei, seien diese auch Leistungsrechte. Ein Rückgriff auf die bürgerlich-rechtlichen Abwehransprüche sei daher nicht vonnöten, da auch das öffentliche Recht solche Abwehransprüche bereithalte.

Nach h.M. wird der FBA also aus den Grundrechten hergeleitet. Im Übrigen ist er mittlerweile gewohnheitsrechtlich anerkannt.

hemmer-Methode: Beachten Sie, dass zwar über die Ableitung des FBA Meinungsverschiedenheiten bestehen, jedoch das Rechtsinstitut des FBA heute gewohnheitsrechtlich anerkannt ist und über seine Anspruchsvoraussetzungen Einigkeit herrscht. Von daher ist es in einer Klausur verfehlt, lange Ausführungen über die Rechtsgrundlage des FBA anzustellen; skizzieren Sie kurz die Ansichten, um dem Korrektor zu zeigen, dass Sie die Kontroversen kennen, ermüden Sie ihn aber nicht.

Das Thema an sich wird am Anfang Ihrer Begründetheitsprüfung relevant, wenn Sie prüfen, ob dem Kläger der behauptete FBA tatsächlich zusteht.

Der FBA beruht ebenso wie die Entwicklung des enteignungsgleichen Eingriffs auf den in der Nachkriegszeit durch die Zwangseinweisungen in privaten Wohnraum entstandenen Problemen.

Die einzelnen Voraussetzungen des FBA

Der FBA ist gegeben, wenn durch einen hoheitlichen Eingriff in ein subjektives Recht ein noch andauernder, rechtswidriger Zustand geschaffen wurde und die Wiederherstellung des früheren Zustands möglich, rechtlich zulässig und zumutbar ist.

A ist Eigentümer eines bebauten, stark hängigen Grundstücks, das an die Y-Straße grenzt. Für den Ausbau der Straße leitete die Stadt den Anliegern Erklärungen zu, in der diese sich mit der Abtretung von Grundstücksstreifen einverstanden erklären sollten. Im Gegenzug verzichte sie auf die Erhebung von Erschließungsbeiträgen. Bis auf A unterschrieben alle Anlieger. Im Juni begannen die Bauarbeiten. Beim Ausbau wurde die Böschung bis zu einer Tiefe von 1 m sowie eine Sandsteinmauer abgetragen. Dadurch verstärkte sich die Neigung des Grundstücks. Der A verlangt, den alten Zustand wiederherzustellen, da sein Haus nun in akute Einsturzgefahr geraten sei.

Hat A einen FBA?

1. Durch das Abtragen der Böschung auf dem Grundstück des A wurde in dessen Eigentum **eingegriffen.**

2. Fraglich ist, ob der durch den Eingriff geschaffene Zustand **rechtswidrig** ist. Der Zustand ist rechtswidrig, wenn für A keine Duldungspflicht besteht. Die Rechtswidrigkeit eines Zustands ergibt sich grundsätzlich aus der Rechtswidrigkeit seiner Schaffung, soweit sich die Folgen nicht aus anderen Gründen als (mittlerweile) rechtmäßig herausstellen.

3. Eine **Duldungspflicht** des A könnte sich aus einer straßenrechtlichen Widmung des Grundstückstreifens ergeben. Eine Widmung stellt gem. § 35 S. 2 VwVfG einen VA in Form einer Allgemeinverfügung dar. Hier wurde allerdings weder ein solcher VA erlassen noch bekanntgegeben. Gem. §§ 41, 43 I VwVfG ist die Bekanntgabe eines VA aber Wirksamkeitsvoraussetzung. Damit scheidet eine Duldungspflicht aus.

4. Der FBA richtet sich auf **Wiederherstellung** des ursprünglichen Zustands. Dann müsste die Wiederherstellung zunächst einmal **tatsächlich möglich** sein. Dies könnte hier problematisch sein, wenn die Steine der Mauer schon abtransportiert sind, da dann nicht mehr die „ursprüngliche" Mauer errichtet werden könnte. Ebenso verhielte es sich mit der Aufschüttung des Hangs, wenn die alte Erde nicht mehr vorhanden ist: Nach e.A. scheidet in derartigen Fällen der FBA aus, da es bei diesem gerade darum geht, den früheren Zustand wiederherzustellen. Nach h.M. kann unter der Wiederherstellung des alten Zustands auch die Herstellung eines gleichwertigen Zustands verstanden werden. Denn das Bestehen des FBA könne nicht von Zufälligkeiten, auf die der Betroffene keinen Einfluss habe, abhängen.

5. Dieser Ansicht folgend, kommt es weiterhin darauf an, ob die **Wiederherstellung rechtlich zulässig und der Stadt zumutbar** ist, vgl. § 275 II BGB. Die rechtliche Zulässigkeit ist hier unproblematisch gegeben. Die Zumutbarkeit fehlt dann, wenn die Wiederherstellung einen unverhältnismäßig großen Aufwand erfordert. Dafür enthält der Sachverhalt aber keine Angaben. Damit besteht der FBA des A.

hemmer-Methode: Ist der Zustand zurzeit rechtswidrig, kann aber noch legalisiert werden, stellt sich das Beseitigungsverlangen des Bürgers u.U. als unzulässige Rechtsausübung dar, § 242 BGB. Scheitert der FBA an der Möglichkeit oder Zumutbarkeit der Wiederherstellung des ursprünglichen Zustands, ist an einen Entschädigungsanspruch aus enteignungsgleichem Eingriff zu denken.

Der Vollzugs-FBA

Begehrt der Bürger Folgenbeseitigung, so liegt eine allgemeine Leistungsklage vor, da die Beseitigung als solche ein Realakt ist.

Probleme bzgl. der Klageart können sich ergeben, wenn der Betroffene durch den Vollzug eines rechtswidrigen VA beeinträchtigt ist. Denn der Vollzug auch eines rechtswidrigen VA ist rechtmäßig, solange der VA nicht aufgehoben ist.

Die Behörde hat dem A den Führerschein entzogen und nach § 80 II Nr. 4 VwGO die sofortige Vollziehung angeordnet. A ist (zu Recht) der Ansicht, dass die Entziehung rechtswidrig ist. Er möchte seinen Führerschein zurückbekommen.

Was kann er tun?

1. A begehrt hier letztendlich **Folgenbeseitigung,** nämlich den Vollzug der Entziehungsverfügung durch Rückgabe des Führerscheins rückgängig zu machen. Die Folgenbeseitigung selbst stellt einen Realakt dar, mithin ist die Leistungsklage statthafte Klageart. Fraglich ist jedoch, wie es sich auswirkt, dass A durch den Vollzug eines rechtswidrigen VA beeinträchtigt ist: Der Vollzug eines VA ist rechtmäßig, solange der VA nicht aufgehoben ist, selbst wenn der VA rechtswidrig ist. Lediglich ein nichtiger VA ist rechtsunwirksam (vgl. §§ 43 III, 44 VwVfG). Die Leistungsklage allein hat keine Aussicht auf Erfolg, weil der VA die Vollzugsfolgen rechtfertigt und eine Duldungspflicht normiert.

2. Grundsätzlich muss A nun zuerst **Anfechtungsklage** gegen die Entziehung der Fahrerlaubnis erheben. Kommt das Gericht zu der Überzeugung, dass der VA rechtswidrig ist und der Kläger dadurch in seinen Rechten verletzt ist, so hebt es den VA auf (§ 113 I S. 1 VwGO). Mit der Aufhebung des VA entsteht kraft materiellen Rechts ein Anspruch des Klägers auch auf Beseitigung der unmittelbaren Folgen der Vollziehung des VA. Allerdings muss dieser geltend gemacht werden; die Anfechtungsklage allein genügt dafür nicht.

3. § 113 I S. 2 VwGO gibt dem Kläger aus prozessökonomischen Gründen die Möglichkeit, den FBA schon im Anfechtungsprozess geltend zu machen. Dies ist für ihn von Vorteil, da ansonsten grundsätzlich das Aufhebungsurteil in Rechtskraft erwachsen müsste, ehe er einen Antrag auf Folgenbeseitigung stellen könnte. Damit ermöglicht § 113 I S. 2 VwGO die Verbindung von Anfechtungsklage (auf Aufhebung des VA) mit einem unselbstständigen Antrag auf Folgenbeseitigung.

Somit muss A Anfechtungsklage erheben, die er mit einem Antrag nach § 113 I S. 2 VwGO verbinden kann. Ggf. kann er einen entsprechenden Antrag auch im Eilverfahren stellen, vgl. § 80 V S. 3 VwGO.

hemmer-Methode: Beachten Sie unbedingt, dass § 113 I S. 2 VwGO nicht die materiell-rechtliche Rechtsgrundlage des FBA ist, sondern allein die prozessuale Geltendmachung eines FBA regelt.

§ 113 I S. 2 VwGO umfasst auch den öffentlich-rechtlichen Erstattungsanspruch.

Ursprünglich war der FBA als Vollzugs-FBA konzipiert, d.h. als Anspruch auf die Beseitigung der Folgen des Vollzugs eines rechtswidrigen VA. Im „Böschungsfall" bejahte das BVerwG zum ersten Mal für den Fall, dass die Folgen schlichten Verwaltungshandelns beseitigt werden sollen, einen FBA. Denn für die Schutzwürdigkeit des Bürgers sei es bedeutungslos, in welcher Weise der Eingriff verwirklicht wurde.

Lesen Sie zur Nichtigkeit von VAen Hemmer/Wüst, Verwaltungsrecht I, Rn. 325 ff.!

Der Vollzugs-FBA i.S.d. § 113 I S. 2 VwGO

Der Vollzug eines rechtswidrigen, aber wirksamen VA ist zu dulden, solange der VA nicht aufgehoben ist.

Der Kläger kann aber einen Vollzugs-FBA schon im Anfechtungsprozess zusammen mit der Anfechtungsklage gegen den zugrundeliegenden VA geltend machen, § 113 I S. 2 VwGO.

Erstellen Sie ein Prüfungsschema für die Klagesituation i.S.d. § 113 I S. 2 VwGO!

A) Eröffnung des Verwaltungsrechtswegs, § 40 I VwGO

B) Zulässigkeit

I. Klageart

- allgemeine Leistungsklage alleine: entsprechendes Klagebegehren; aber keine Aussicht auf Erfolg, da VA Eingriff rechtfertigt
- Anfechtungsklage alleine: lässt nur VA wegfallen, beseitigt aber Folgen des Vollzugs nicht
- daher Verbindung nach § 113 I S. 2 VwGO

II. Klagebefugnis, § 42 II VwGO

III. Vorverfahren, §§ 68 ff. VwGO

IV. Klagefrist, § 74 VwGO

V. Sonstige Zulässigkeitsvoraussetzungen, sofern problematisch

C) Beiladung etc.

D) Begründetheit der Anfechtungsklage nach Maßgabe der §§ 78 I, 113 I S. 1 VwGO

E) Begründetheit des Antrags nach § 113 I S. 2 VwGO

I. FBA gegeben

II. Voraussetzungen des § 113 I S. 3 VwGO

- Behörde zur Wiederherstellung in der Lage
- Spruchreife

hemmer-Methode: Lesen Sie zur Begründetheit der Anfechtungsklage Hemmer/Wüst, Verwaltungsrecht I, Rn. 255 ff.!

Nach der Rspr. führt beim FBA Mitverschulden (Gedanke des § 254 BGB) zum Ausschluss des Anspruchs auf Wiederherstellung; allerdings ergibt sich ein Ausgleichsanspruch.

Fall von Karteikarte 51

A wusste, dass auch ein nur teilweises Abtragen seiner Böschung schwerwiegende Folgen haben würde. Er ging davon aus, dass die Stadt den Ausbau aufgrund seiner fehlenden Unterschrift unterlassen würde. Im Mai trat er einen fünfmonatigen Auslandsaufenthalt an, ohne sich vorher mit der Stadt in Verbindung gesetzt zu haben. Die Stadt begann im Juni mit den Arbeiten. Als A im September wiederkehrte, sah er, dass sein Grundstück abgesackt war. Nunmehr verlangt A vor dem VG, die Stadt solle den früheren Zustand wiederherstellen. Die Stadt macht geltend, dass der FBA aufgrund des Mitverschuldens des A entfiele.

Prüfen Sie, ob die Rechtsansicht der Stadt zutreffend ist!

Beim FBA findet **§ 254 BGB entsprechende Anwendung,** da darin ein **allgemeiner Rechtsgedanke der Selbstverantwortlichkeit** zum Ausdruck kommt, der nicht nur bei der Kompensation von (Schadens-)Folgen, sondern auch bei der Beseitigung von (Eingriffs-)Folgen greifen muss.

- Zu prüfen ist zunächst, ob A ein Mitverschulden i.S.v. § 254 I BGB analog trifft. Dies ist zu bejahen, da A wusste, dass ein Abgraben seiner Böschung zu deren Absacken führen würde. Dennoch hat er es unterlassen, sich mit der Stadt in Verbindung zu setzen, obwohl deren Bauabsichten eindeutig waren und es im eigenen Interesse des A lag, die Stadt zu kontaktieren. Es ist davon auszugehen, dass die Stadt aufgrund eines dementsprechenden Einwands des A ihre Planung geändert und die Straße an dem Grundstück des A vorbeigelegt hätte. Damit trägt A einen Mitverschuldensbeitrag.
- Fraglich ist, wie sich dieser Umstand auf den FBA auswirkt. Zu berücksichtigen ist dabei zum einen, dass § 254 BGB erkennbar von der Teilbarkeit des Anspruchs ausgeht. Auf der anderen Seite geht der FBA auf Wiederherstellung des ursprünglichen Zustands. Eine teilweise Wiederherstellung kommt aber nicht in Betracht.
- Daher ließ die frühere Rspr. im Falle eines überwiegenden Mitverschuldens den FBA komplett entfallen. Dieses „Alles-oder-nichts-Prinzip“ wurde allerdings als unbillig empfunden.
- Deshalb nimmt die Rspr. heute an, dass sich der FBA im Falle des zu berücksichtigenden Mitverschuldens des Bürgers in entsprechender Anwendung des § 251 I BGB in einen Ausgleichsanspruch in Geld umwandele. Dessen Höhe richtet sich nach dem Grad des Mitverschuldens.

Damit hat A einen Anspruch auf Zahlung eines Ausgleichsbetrages in Geld, der sich nach dem Grad seiner Mitverantwortung bemisst. (Nach dem BVerwG kommt in den Fällen, in denen das Mitverschulden nur sehr gering ist, auch eine Wiederherstellung durch die Behörde in Betracht, an deren Kosten sich der Bürger beteiligt.)

hemmer-Methode: Führen Sie sich also noch einmal vor Augen: Der FBA ist nicht auf Schadensersatz oder auf Entschädigung gerichtet, sondern auf Wiederherstellung des ursprünglichen Zustands. Lediglich in dem Fall, dass eine Wiederherstellung nicht zumutbar ist oder den Kläger ein gewisser Grad an Mitverschulden trifft, wandelt sich der Anspruch auf Wiederherstellung des früheren Zustands in einen Anspruch auf Zahlung eines Ausgleichsbetrages in Geld.

Im Falle, dass das Mitverschulden des Klägers extrem überwiegend ist, kann der FBA dann total entfallen.

Wird die Rückzahlung eines zu Unrecht gezahlten Geldbetrages begehrt, greifen geschriebene und subsidiär ungeschriebene Anspruchsgrundlagen ein.

Der öffentlich-rechtliche Erstattungsanspruch ist sowohl für die Rückerstattung von rechtsgrundlos erbrachten Leistungen des Bürgers (z.B. Steuern, Gebühren) als auch des Staates (z.B. Subventionen, Dienst- und Versorgungsbezüge) einschlägig. Seitens des Bürgers ist er mittels Leistungsklage geltend zu machen. Der Staat muss regelmäßig, falls eine Leistung zurückgefordert wird, die durch VA gewährt wurde, einen Leistungsbescheid erlassen.

Erstellen Sie ein Prüfungsschema zum öffentlich-rechtlichen Erstattungsanspruch!

I. Anspruchsgrundlage:

Spezialgesetze wie § 12 II BBesG, § 49a VwVfG; ansonsten der ungeschriebene Erstattungsanspruch, der auf dem Grundsatz der Gesetzmäßigkeit der Verwaltung beruht (a.A.: §§ 812 ff. BGB).

II. Voraussetzungen:

1. Vermögensverschiebung (Staat - Bürger und umgekehrt) zugunsten des Anspruchsgegners

2. aufgrund öffentlich-rechtlicher Rechtsbeziehung

3. ohne Rechtsgrund (VA, Gesetz; z.B. VA nichtig, Gesetz unwirksam)

4. u.U. Wegfall der Bereicherung

a) in Spezialgesetz geregelt, z.B. § 49a II S. 2 VwVfG, § 12 II BBesG
b) i.Ü. str.:

- Staat: keine Berufung auf § 818 III BGB
- Bürger: wohl keine Berufung auf § 818 III BGB, stattdessen Abwägung zwischen Gesetzmäßigkeit und Vertrauensschutz, vgl. § 49a II S. 2 VwVfG

hemmer-Methode: Bei dem Prüfungspunkt „ohne Rechtsgrund" wird regelmäßig der Schwerpunkt der Klausur liegen. Beachten Sie noch einmal, dass auch ein rechtswidriger VA (nicht aber ein nichtiger) Rechtsgrund ist, da er trotz Rechtswidrigkeit rechtswirksam ist, solange er nicht aufgehoben worden ist. Dann stellt sich das gleiche Problem wie beim Vollzugs-FBA: Der Bürger kann im Anfechtungsprozess zusammen mit der Anfechtungsklage den Erstattungsanspruch geltend machen, da § 113 I S. 2 VwGO auch für die prozessuale Durchsetzung des Erstattungsanspruchs gilt.

Der ungeschriebene Erstattungsanspruch

In dem Fall, dass keine geschriebenen öffentlich-rechtlichen Erstattungsregelungen vorliegen, werden Leistungen ohne Rechtsgrund über den ungeschriebenen öffentlich-rechtlichen Erstattungsanspruch rückgängig gemacht.

Das Auto des A wird abgeschleppt. A erhält einen Kostenbescheid über 200,- €. Obwohl er der (zutreffenden) Ansicht ist, dass der Kostenbescheid rechtswidrig ist, zahlt er das Geld, um die Verhängung von Zwangsmaßnahmen zu verhindern. Das Geld wird verbraucht. Nach erfolglosem Widerspruch erhebt er eine Anfechtungsklage gegen den Kostenbescheid, die er mit einer Leistungsklage auf Rückzahlung der 200,- € verbindet. Die Anfechtungsklage des A hat Erfolg.

Wie wird das Gericht bzgl. des Erstattungsanspruchs entscheiden?

Der mit der Anfechtungsklage verbundene Antrag auf Rückgängigmachung der Vollziehung und damit auf Erstattung (§ 113 I S. 2 VwGO) hat Aussicht auf Erfolg, wenn die Anfechtungsklage erfolgreich ist und A einen entsprechenden Rückzahlungsanspruch hat.

I. Anspruchsgrundlage

Mangels geschriebener gesetzlicher Erstattungsregelung (§ 113 I S. 2 VwGO setzt materiell-rechtlichen Anspruch voraus!) kommt hier nur der allgemeine ungeschriebene öffentlich-rechtliche Erstattungsanspruch in Betracht. Dieser beruht nach h.M. nicht auf einer Analogie zu den §§ 812 ff. BGB, sondern wird vielmehr als ein eigenständiges, originäres Institut des allgemeinen Verwaltungsrechts angesehen. Er ist heute gewohnheitsrechtlich anerkannt und beruht letztendlich auf Art. 20 III GG, der Gesetzmäßigkeit der Verwaltung.

II. Voraussetzungen

Es müsste eine rechtsgrundlose Vermögensverschiebung innerhalb einer öffentlich-rechtlichen Rechtsbeziehung vorliegen. A hat die 200,- € gezahlt, um den Kostenbescheid zu begleichen, es handelt sich um eine Vermögensverschiebung durch Leistung. Diese war auch rechtsgrundlos, da der Kostenbescheid durch die erfolgreiche Anfechtungsklage des A aufgehoben wurde (§ 113 I S. 1 VwGO) und somit der rechtliche Grund der Vermögensverschiebung ex tunc entfallen ist. Auch beruht die Vermögensverschiebung auf einem öffentlich-rechtlichen Rechtsverhältnis. Damit ist der Erstattungsanspruch des A grundsätzlich gegeben.

III. Wegfall der Bereicherung

Fraglich ist, wie es sich auswirkt, dass das Geld, das A gezahlt hat, in der Zwischenzeit verbraucht wurde. Zu denken wäre an den Einwand des Wegfalls der Bereicherung nach § 818 III BGB analog. Allerdings kann sich der Staat nicht auf den Wegfall der Bereicherung berufen: Zum einen kann eine Entreicherung der öffentlichen Hand tatsächlich nicht eintreten („der Staat geht nicht in Konkurs"), zum anderen würde dieser Einwand dem Grundsatz der Gesetzmäßigkeit der Verwaltung widersprechen.

Ergebnis: A hat einen Rückzahlungsanspruch i.H.v. 200,- €. Der Leistungsantrag des A ist begründet.

hemmer-Methode: Vergleichen Sie zum Wegfall der Bereicherung auch die nachfolgende Karteikarte! Statt über den Erstattungsanspruch ist auch eine Lösung über den FBA denkbar.

Zum Grundsatz der Gesetzmäßigkeit der Verwaltung, Art. 20 III GG, vgl. Hemmer/Wüst, Staatsrecht II, Rn. 119 ff. Insbesondere die Prinzipien vom Vorrang und Vorbehalt des Gesetzes als besondere Ausformungen des Grundsatzes der Gesetzmäßigkeit der Verwaltung müssen Sie verstanden haben.

Wegfall der Bereicherung

Soweit in spezialgesetzlichen Regelungen auf die §§ 812 ff. BGB verwiesen wird, ist auch der Einwand des Wegfalls der Bereicherung nach § 818 III BGB zu berücksichtigen. Allerdings wird die Anforderung an die Gutgläubigkeit des Empfängers dahingehend verschärft, dass schon grobe Fahrlässigkeit den Entreicherungseinwand ausschließt (vgl. § 49a II S. 2 VwVfG). Beim ungeschriebenen Erstattungsanspruch wird der Entreicherungseinwand jedenfalls beim Staat nicht berücksichtigt.

Der Empfänger A einer behördlichen Geldanweisung erhielt im Januar 2021 den Betrag versehentlich zweimal ausgezahlt. Die Behörde verlangt die Rückzahlung des zu viel gezahlten Betrages. A lehnt ab, da er das Geld, obwohl verwundert über die zweimalige Zahlung, im Vertrauen auf die Richtigkeit der Geschehnisse für seinen Lebensunterhalt ersatzlos verbraucht hat.

Kann die Behörde Rückzahlung verlangen?

Mangels spezialgesetzlicher Erstattungsregelung kommt nur der allgemeine sog. ungeschriebene öffentlich-rechtliche Erstattungsanspruch in Betracht. Dieser beruht auf dem Grundsatz der Gesetzmäßigkeit der Verwaltung, Art. 20 III GG, und ist ein eigenständiges Rechtsinstitut des Verwaltungsrechts. Eine innerhalb einer öffentlich-rechtlichen Rechtsbeziehung erfolgte Vermögensverschiebung liegt vor. Diese war auch rechtsgrundlos.

Fraglich ist, ob sich A auf Entreicherung nach § 818 III BGB analog berufen kann.

- **Nach h.M. ist eine analoge Anwendung des § 818 III BGB auf den öffentlich-rechtlichen Erstattungsanspruch ausgeschlossen.** Begründet wird dies vor allem damit, dass § 818 III BGB im Hinblick auf eine unterschiedliche Interessenlage keinen allgemeinen, auch im öffentlichen Recht geltenden Rechtsgedanken enthalte. Denn das Zivilrecht bewerte insoweit die Interessen beider Seiten gleich, während Hoheitsträger und Bürger als Beteiligte des öffentlich-rechtlichen Erstattungsverhältnisses unterschiedlichen Bindungen unterliegen (Art. 20 III GG, Gesetzmäßigkeit der Verwaltung; Art. 2 I GG, Privatautonomie).
- **Vielmehr sei der Grundsatz des Vertrauensschutzes heranzuziehen.** Danach kann sich der Bürger auf den Wegfall der Bereicherung berufen, wenn der Schutz seines Vertrauens auf die Beständigkeit der rechtswidrigen Vermögenslage das Interesse der vollziehenden Gewalt an der Durchsetzung des Grundsatzes der Gesetzmäßigkeit der Verwaltung durch Wiederherstellung einer rechtmäßigen Vermögenslage überwiegt. Allerdings ist das Vertrauen des Bürgers nicht schutzwürdig, wenn er infolge grober Fahrlässigkeit die Umstände, die zum Wegfall oder Fehlen des Rechtsgrundes führten, nicht kannte. Der Entreicherungseinwand wird im öffentlichen Recht aufgrund der Wertung des § 49a II S. 2 VwVfG stärker als im Zivilrecht eingeschränkt (§ 819 I BGB: nur positive Kenntnis schadet).

Hier war A grob fahrlässig hinsichtlich der Unkenntnis des fehlenden Rechtsgrundes. Damit kann er sich nicht auf Entreicherung berufen. Die Behörde kann Rückzahlung verlangen.

hemmer-Methode: Auch die öffentlich-rechtlichen Erstattungsansprüche unterliegen einer Verjährung. Zum Teil sind diese in der Spezialregelung enthalten, z.B. § 50 IV SGB X. Für die hier behandelten Ansprüche gilt grundsätzlich die regelmäßige Verjährungsfrist des § 195 BGB.

Die Leistungsklage ist begründet, wenn der geltend gemachte Anspruch tatsächlich besteht. Dieser kann sich auch aus einem öffentlich-rechtlichen Vertrag ergeben. Allerdings kann sich bei Vorliegen eines Vertrages schon bei der Eröffnung des Verwaltungsrechtswegs nach § 40 I S. 1 VwGO das Problem ergeben, ob eine öffentlich-rechtliche Streitigkeit vorliegt, denn die Verwaltung kann sich sowohl durch verwaltungsrechtliche als auch durch zivilrechtliche Verträge binden.

Wie erfolgt die Abgrenzung zwischen öffentlich-rechtlichem und privatrechtlichem Vertrag?

Bei der Prüfung, ob ein Vertrag dem öffentlichen oder dem privaten Recht zuzuordnen ist, ist auf den Vertragsgegenstand abzustellen: Aus der Tatsache, dass eine Behörde einer der Vertragspartner ist, kann nicht geschlossen werden, dass es sich bereits deshalb um einen öffentlich-rechtlichen Vertrag handelt, denn auch die Verwaltung kann privatrechtlich handeln und damit privatrechtliche Verträge abschließen (vgl. Karteikarte 3). Auch der Wille der Vertragsschließenden ist unerheblich, da sie über die Zuordnung und damit über den Rechtsweg nicht entscheiden können. Vielmehr kommt es darauf an, ob der Gegenstand des Vertrages vom privaten oder vom öffentlichen Recht erfasst wird.

- Letzteres ist insbesondere dann der Fall, wenn sich der **Inhalt des Vertrages auf einen öffentlich-rechtlich geregelten Sachverhalt** bezieht, oder wenn er so eng mit öffentlich-rechtlichen Verpflichtungen oder Berechtigungen zusammenhängt, dass er **kraft Sachzusammenhangs dem öffentlichen Recht zugeordnet** werden muss. Bsp.: Verpflichtet sich die Behörde zum Erlass eines Bebauungsplans (ob sie das darf, ist eine Frage der Begründetheit) und erhält dafür im Gegenzug eine bestimmte Leistung des Bürgers, so bezieht sich der Vertragsgegenstand auf einen öffentlich-rechtlich geregelten Sachverhalt, nämlich das öffentliche Baurecht.
- In den Fällen, in denen der **Vertrag aus mehreren Elementen** besteht, die teils öffentlich-rechtlich, teils privatrechtlich zu beurteilen sind, muss grundsätzlich der streitige Vertragsteil isoliert betrachtet werden. Ist dies nicht möglich oder ist der streitige Teil bei isolierter Betrachtung „rechtlich neutral“ (so ist z.B. die Verpflichtung des Bürgers zur Zahlung einer Geldsumme isoliert betrachtet weder öffentlich-rechtlich noch privatrechtlich), muss nach e.A. auf den **Schwerpunkt der Vereinbarung und dessen Zweck** abgestellt werden. Nach a.A. soll stets dann, wenn der Vertrag auch nur eine Regelung enthält, die einem Träger öffentlicher Gewalt vorbehalten ist, der gesamte Vertrag einheitlich als öffentlich-rechtlich zu qualifizieren sein.
- Zu beachten ist auch **§ 40 II S. 1 VwGO:** Danach fallen auch die Sekundäransprüche aus dem öffentlich-rechtlichen Vertrag unter die Entscheidungskompetenz des VG.

hemmer-Methode: Der BGH hält trotz § 40 II S. 1 VwGO daran fest, dass die Haftung aus c.i.c. bei öffentlich-rechtlichen Verträgen vor die Zivilgerichte gehört. Begründet wird dies damit, dass es sich lediglich um Vertragsanbahnung handele. Dies wird von der h.M. abgelehnt, da § 40 II S. 1 VwGO alle Ansprüche aus öffentlich-rechtlichen Verträgen dem VG zuweisen möchte.

Für Ansprüche aus öffentlich-rechtlichem Vertrag kann grundsätzlich auf den aus dem Zivilrecht bekannten Aufbau zurückgegriffen werden. Für das Entstehen eines öffentlich-rechtlichen Vertragsanspruchs ist eine darauf gerichtete Einigung - also zwei übereinstimmende Willenserklärungen - nötig, der keine Wirksamkeitshindernisse entgegenstehen dürfen; diese Einigung muss als öffentlich-rechtlich zu qualifizieren sein. Für den Fortbestand darf weder der Vertrag unwirksam werden noch der Anspruch selbst erlöschen (z.B. durch Erfüllung).

Erstellen Sie ein Prüfungsschema für das Entstehen eines öffentlich-rechtlichen Vertragsanspruchs anhand des Gesetzes!

I. Vorliegen eines öffentlich-rechtlichen Vertrages

1. Wirksamer Vertragsschluss, § 62 S. 2 VwVfG i.V.m. §§ 145 ff. BGB (Bindungswille), ggf. Verfahren nach § 58 VwVfG
2. Qualifizierung als öffentlich-rechtlicher Vertrag
   Vertragsgegenstand - bei prozessualem Aufbau bereits im Rechtsweg zu prüfen (Karteikarte 58)
   Abgrenzung zum mitwirkungsbedürftigen VA/Zusicherung

II. Wirksamkeit des öffentlich-rechtlichen Vertrages = Einwendungen nach § 59 VwVfG

1. Einwendungen nach § 59 II VwVfG
2. Einwendungen nach § 59 I VwVfG i.V.m. BGB
   - Form, § 57 VwVfG i.V.m. § 125 BGB
   - § 134 BGB: Vertragsformverbot, § 54 S. 1 VwVfG
   - Vertragsinhalt zulässig?

3. Rechtsfolgen bei Rechtswidrigkeit

§ 59 VwVfG: Nichtigkeit nur in den genannten Fällen, ansonsten bleibt der Vertrag auch bei Rechtswidrigkeit rechtswirksam und unangreifbar

hemmer-Methode: Immer wieder fällt in Klausuren über öffentlich-rechtliche Verträge auf, dass die Bearbeiter arge Probleme beim Aufbau haben und nicht selten werden die §§ 54 ff. VwVfG kreuz und quer geprüft. Wie üblich gilt zwar auch bei diesem Aufbauschema, sich nicht zu sklavisch daran zu halten, jedoch ist es für Sie unerlässlich, sich damit zu beschäftigen und sich einzuprägen, wo die einzelnen Prüfungspunkte verortet sind. Im Übrigen gilt sich klarzumachen, dass Sie prüfen, ob der Kläger einen Anspruch aus dem Vertrag hat. Voraussetzung dafür ist, dass der Vertrag wirksam ist. Unter diesem Aufhänger ist dann die formelle und materielle Rechtmäßigkeit des Vertrages zu prüfen - durchaus nichts Unbekanntes!

Vorliegen eines öffentlich-rechtlichen Vertrages

Ein Anspruch aus einem öffentlich-rechtlichen Vertrag i.S.d. §§ 54 ff. VwVfG ist nur denkbar, wenn überhaupt ein Vertrag geschlossen wurde. Voraussetzung dafür ist, dass rechtsgeschäftliche Äußerungen der Parteien mit Bindungswillen vorliegen, nicht nur unverbindliche Verabredungen. Diese Äußerungen müssen Willenserklärungen sein; abzugrenzen ist insoweit zu anderen Formen des Verwaltungshandelns, insb. zur Zusicherung und zum mitwirkungsbedürftigen VA.

Grenzen Sie den mitwirkungsbedürftigen VA und die Zusicherung vom öffentlich-rechtlichen Vertrag ab!

1. Mitwirkungsbedürftiger VA/Öffentlich-rechtlicher Vertrag

Sowohl beim mitwirkungsbedürftigen VA als auch beim öffentlich-rechtlichen Vertrag ist der Bürger an der Entstehung beteiligt.

- Der mitwirkungsbedürftige VA bleibt jedoch trotz der Zustimmung des Bürgers eine einseitige Regelung der Behörde (vgl. § 35 S. 1 VwVfG). Die Zustimmung soll nur bewirken, dass dem Bürger nicht ein VA aufgedrängt wird, den er nicht haben will. Fehlt die Erklärung des Bürgers, liegt zwar ein VA vor, dieser ist aber rechtswidrig (Beteiligung als Rechtmäßigkeitsvoraussetzung).
- Beim öffentlich-rechtlichen Vertrag wird der Bürger durch seine Beteiligung in den Regelungsvorgang einbezogen. Die Erklärung des Bürgers ist Tatbestandsvoraussetzung des Vertrages, der zwei Willenserklärungen voraussetzt (Beteiligung als Tatbestandvoraussetzung). Der Bürger kann auf den Inhalt des Vertrages Einfluss nehmen, während er beim mitwirkungsbedürftigen VA nur die Möglichkeit hat, seine Zustimmung zu einer vorgegebenen Regelung zu erteilen oder zu verweigern.

Entscheidend für die Handlungsform ist der Wille der Beteiligten, wobei Indiz für einen öffentlich-rechtlichen Vertrag ist, ob der Bürger mitentscheidend auf die inhaltliche Gestaltung der Regelung Einfluss nehmen konnte.

2. Zusicherung, § 38 VwVfG/Öffentlich-rechtlicher Vertrag

Bei der Zusicherung handelt es sich um eine einseitige Verpflichtung der Behörde, einen zukünftigen VA zu erlassen bzw. nicht zu erlassen, die nicht von einer entsprechenden Gegenleistung des Vertragspartners abhängt und ohne Mitwirkung des Bürgers ergeht.

hemmer-Methode: Vergleichen Sie zur Zusicherung auch Karteikarte 18!

In der Praxis wird es meist daran fehlen, dass der Bürger tatsächlich Einfluss auf den Vertragsinhalt nehmen kann. Dennoch wird es sich um eine vertragliche Regelung handeln, wenn im Sachverhalt von „Übereinkunft“, „Vergleich“, „schriftlicher Vereinbarung“ etc. die Rede ist bzw. eine Einflussnahme theoretisch möglich war.

Wirksamkeit des öffentlich-rechtlichen Vertrages

Wie bei der Prüfung eines VA sind auch beim Vertrag im Rahmen der Frage nach dessen Wirksamkeit zunächst die formellen Aspekte zu prüfen: Neben der Zuständigkeit der am Vertrag beteiligten Behörde muss eine eventuell erforderliche Mitwirkung anderer Behörden und Betroffener gegeben sein (vgl. § 58 VwVfG); fehlt diese, ist der Vertrag schwebend unwirksam.

Weiter sind v.a. die Einhaltung der vorgeschriebenen Form (§ 57 VwVfG: grds. schriftlich) zu prüfen. Bei einem Formfehler ist der Vertrag grundsätzlich nichtig, § 59 I VwVfG, § 125 BGB.

In materieller Hinsicht ist dann über § 59 I VwVfG i.V.m.§ 134 BGB u.a. zu prüfen, ob nicht ein sog. „Vertragsformverbot" vorliegt.

1. Was versteht man unter einem Vertragsformverbot?

2. Nennen Sie Beispiele!

1. Unter einem Vertragsformverbot (auch „Handlungsformverbot" genannt) versteht man, dass der Vertrag als Handlungsform in dem Rechtsgebiet, in dem die Regelung erfolgen soll, nicht zulässig ist. Dabei ist davon auszugehen, dass nach § 54 VwVfG öffentlich-rechtliche Verträge grundsätzlich zulässig sind, und nur ausnahmsweise unzulässig, soweit Rechtsvorschriften entgegenstehen, § 54 S. 1 VwVfG.
Der Vertrag ist insb. dann unzulässig, wenn das Gesetz eine Regelung durch VA zwingend vorschreibt. Allerdings wird sich ein Vertragsformverbot selten ausdrücklich aus dem Gesetz ergeben. Die generelle Unzulässigkeit einer vertraglichen Regelung kann sich aber aus Sinn und Zweck einer gesetzlichen Vorschrift ergeben (Auslegung!) sowie aus dem Gesamtzusammenhang der Regelung.

2. Beispiele

- Vertragsformverbot bei Prüfungsentscheidungen: Das Vertragsformverbot bei Leistungs-, Eignungs- und ähnlichen Prüfungen folgt ausdrücklich aus § 2 III Nr. 2 VwVfG.
- Vertragsformverbot bei Ernennungen etc.: Bei der Ernennung zum Beamten, der Einberufung zum Wehrdienst und der Einbürgerung ist eine vertragliche Vereinbarung unzulässig, da ein solcher Status jeweils nur zuerkannt, nicht aber verhandelt werden kann.
- Vertragsformverbot im Abgabenrecht: Wegen des Prinzips der Steuergerechtigkeit ist im Abgabenrecht eine vertragliche Vereinbarung über die Steuerzahlung grundsätzlich ausgeschlossen.
- Vertragsformverbot im Baurecht: Auch im Bauplanungsrecht ist eine vertragliche Vereinbarung grundsätzlich unzulässig. Dies ergibt sich aus § 1 VII, III S. 2 BauGB: Eine vertragliche Regelung zwischen Gemeinde und Bürger, die die Gemeinde zum Erlass oder zur Änderung eines Bebauungsplanes verpflichtet, ist unzulässig (Rspr. des BVerwG). Grund dafür ist insbesondere die Planungshoheit der Gemeinde (Art. 28 II S. 1 GG). Die Entscheidung, welche Regelungen ein Bebauungsplan enthält, muss in dem in §§ 2 ff., 10 BauGB geregelten Verfahren erfolgen und darf grundsätzlich nicht vorweggenommen werden.

hemmer-Methode: Lesen Sie zum Problem der Vorabbindung durch Verwaltungsverträge im Bereich der Bauleitplanung auch die Rn. 505 ff. in Hemmer/Wüst, BauR! Zur Folge bei Verstoß gegen das Vertragsformverbot vgl. Karteikarte 64!

Inhaltliche Unwirksamkeitsgründe für einen Vertrag

Nach Art. 20 III GG gilt der Grundsatz der Gesetzmäßigkeit der Verwaltung. Diese Bindung der Verwaltung wird spezifiziert durch die Prinzipien vom Vorrang und Vorbehalt des Gesetzes.

Dabei bedeutet Vorrang des Gesetzes, dass die Verwaltung nicht gegen bestehende Gesetze verstoßen darf, und Vorbehalt des Gesetzes, dass die Verwaltung nur handeln darf, wenn ein entsprechendes Gesetz dies gestattet.

1. **Welches Konfliktfeld eröffnen die Begriffe Gesetzmäßigkeit der Verwaltung und öffentlich-rechtlicher Vertrag?**
2. **Welchen inhaltlichen Wirksamkeitsvoraussetzungen muss ein öffentlich-rechtlicher Vertrag genügen?**

1. Öffentlich-rechtlicher Vertrag - Gesetzesvorbehalt/Gesetzesvorrang

Beim öffentlichen-rechtlichen Vertrag treffen Vertragsfreiheit und Gesetzmäßigkeit der Verwaltung aufeinander. Fraglich ist, inwieweit der Grundsatz der Gesetzmäßigkeit dann Anwendung findet.

- Daraus, dass der Vertrag nicht zwangsläufig Eingriffscharakter hat, ergibt sich, dass nicht der gesamte Inhalt gesetzlich vorgegeben sein muss. Andererseits kann sich die Verwaltung über die vertragliche Gestaltung nicht ihrer grundgesetzlichen Bindung (Art. 1 III, 20 III GG) entziehen. Damit gilt als „Faustformel", dass grds. für den öffentlich-rechtlichen Vertrag nur der Vorrang (nicht gegen das Gesetz), nicht aber der Vorbehalt des Gesetzes (nicht ohne Gesetz) Bedeutung hat.
- Etwas anderes ergibt sich nur dann, wenn es sich um einen Vergleichsvertrag i.S.d. § 55 VwVfG handelt. Aus dem Wesen des Vergleichs ergibt sich, dass sein Inhalt mit dem geltenden Recht nicht völlig übereinstimmt. Daher kommt es nach § 55 VwVfG auch nicht auf die Rechtmäßigkeit des Inhalts an, sondern vielmehr auf die rechtmäßige Ausübung des Abschlussermessens. Insoweit ist hier auch der Vorrang des Gesetzes eingeschränkt.

2. Verstoß gegen Gesetzesnormen außerhalb des VwVfG

Der Inhalt des Vertrages darf nicht gegen höherrangiges Recht verstoßen, da auch für den öffentlich-rechtlichen Vertrag der Vorrang des Gesetzes gilt. Er muss mit dem geltenden Recht in Einklang stehen, andernfalls ist er ggf. nach § 59 I VwVfG i.V.m. § 134 BGB nichtig. Im Einzelnen gilt:

- Hier sind über § 59 II VwVfG die §§ 55, 56 VwVfG zu beachten, wobei § 56 VwVfG nur für die Leistung des Bürgers gilt (vgl. Karteikarte 63). Allerdings ist dabei auch zu untersuchen, ob der Vertragsinhalt gegen Normen des besonderen Verwaltungsrechts oder der Verfassung verstößt.
- Soweit ein Vertrag einen Bereich betrifft, für den spezielle gesetzliche Regelungen bestehen, muss die vertragliche Regelung mit diesen besonderen Vorschriften vereinbar sein.
- Im Bereich der Ermessensverwaltung muss der Vertragsabschluss auf pflichtgemäßer Ermessensausübung beruhen.

hemmer-Methode: Bei Grundrechten ist zu beachten, dass der Bürger begrenzt über seine Rechtspositionen verfügen kann und deshalb Beeinträchtigungen durch sein Einverständnis gedeckt sein können.

Folge der Rechtswidrigkeit des öffentlich-rechtlichen Vertrages

Ein Anspruch auf die aus dem Vertrag folgende Leistung scheidet nur dann aus, wenn der Vertrag nichtig ist; dass der Vertrag nur rechtswidrig ist, schadet nicht.

Die Nichtigkeit eines Vertrages regelt § 59 VwVfG. Dabei sind zunächst die Nichtigkeitsgründe des § 59 II VwVfG zu prüfen, bevor § 59 I VwVfG i.V.m. Vorschriften des BGB untersucht wird. Hier wird insb. § 134 BGB relevant.

Ist der § 134 BGB über § 59 I VwVfG uneingeschränkt anwendbar?

Die Frage, ob und inwieweit § 134 BGB über § 59 I VwVfG Anwendung findet, ist in Literatur und Rspr. umstritten.

- Problematisch ist dies deshalb, weil bei einer konsequenten Anwendung des § 134 BGB alle rechtswidrigen öffentlich-rechtlichen Verträge nichtig wären. Dann würde aber die Unterscheidung von rechtswidrigen, aber dennoch wirksamen Verträgen und nichtigen Verträgen beseitigt. Dies ist aber, wie sich aus der Aufzählung des § 59 II VwVfG ergibt, nicht das Anliegen des Gesetzgebers. § 59 II VwVfG wäre überflüssig.
- Andererseits kann § 134 BGB auch nicht völlig außer Betracht bleiben, da ansonsten auch schwerste Verstöße nicht sanktioniert würden, was im Hinblick auf die Gesetzmäßigkeit der Verwaltung, Art. 20 III GG, bedenklich wäre.
- **Nach Ansicht der Rspr. soll ein Verstoß gegen das Vertragsformverbot nach § 59 I VwVfG i.V.m. § 134 BGB zur Nichtigkeit führen.** Dies lasse sich bereits aus § 54 S. 1 VwVfG entnehmen.
- **Verstößt dagegen der Inhalt eines Vertrages gegen eine Rechtsvorschrift, so muss die betroffene Vorschrift ausgelegt und anschließend abgewogen werden.** Entscheidend ist, ob die Rechtsvorschrift, gegen die verstoßen wurde, den Rechtsakt nicht nur verbieten, sondern ihn im Ergebnis verhindern wollte (Schutzzweck der Norm).

Bsp.: Wird einem Bürger mittels eines öffentlich-rechtlichen Vertrages eine Subvention gewährt, die dem Gemeinschaftsrecht widerspricht, so ist um der effektiven Durchsetzung des Gemeinschaftsrechts willen (Art. 107 f. AEUV, Art. 4 III AEUV; sog. effet utile) jeder dem Gemeinschaftsrecht widersprechende Vertrag als nichtig anzusehen. Die zwingenden Normen des Europarechts sind also als Verbotsgesetze i.S.d. § 59 I VwVfG i.V.m. § 134 BGB anzusehen. In vielen derartigen Fällen ist der Vertrag aber schon nach § 58 VwVfG nicht wirksam, da die Kommission entgegen Art. 108 AEUV nicht beteiligt wurde.

hemmer-Methode: Diese Abwägung bei § 134 BGB kennen Sie bereits aus dem Zivilrecht. Es muss abgewogen werden, ob der Mangel des Vertrages so schwer wiegt, dass die Gültigkeit des Vertrages nicht gerechtfertigt erscheint („schier unerträglich wäre"). Wichtig ist, dass Sie das oben aufgezeigte Problem des § 134 BGB ansprechen. Nur so zeigen Sie dem Korrektor, dass Sie die Wertung des § 59 II VwVfG verstanden haben.

Lesen Sie sich den § 59 II VwVfG sorgfältig durch. Klausurrelevant ist insbesondere § 59 II Nr. 4 VwVfG, der u. a. einen Verstoß gegen das sog. „Koppelungsverbot" des § 56 I S. 2 VwVfG sanktioniert.

Bearbeiten Sie abschließend zum öffentlich-rechtlichen Vertrag den anschaulichen Fall in Hemmer/Wüst, Verwaltungsrecht II, Rn. 266 ff.!

Die Arten des öffentlich-rechtlichen Vertrages

Die §§ 54 ff. VwVfG unterscheiden koordinationsrechtliche und subordinationsrechtliche Verträge. Die Unterscheidung ist relevant, weil der § 59 II VwVfG einen Katalog spezieller Nichtigkeitsgründe für subordinationsrechtliche Verträge enthält und §§ 55, 56 VwVfG für zwei Untergruppen des subordinationsrechtlichen Vertrages (Vergleichs- und Austauschvertrag) spezielle Anforderungen an die Rechtmäßigkeit stellen.

1. **Was versteht man unter subordinationsrechtlichen und koordinationsrechtlichen Verträgen?**
2. **Welche Anforderungen sind an einen Austauschvertrag zu stellen?**

1. Koordinationsrechtliche/Subordinationsrechtliche Verträge

- Koordinationsrechtliche Verträge sind Verträge zwischen zwei gleichgeordneten Trägern öffentlicher Verwaltung. (Bsp.: Vereinbarung zwischen zwei Gemeinden über die Unterhaltung einer über die gemeinsame Grenze verlaufenden Brücke.)
- Subordinationsrechtlich sind Verträge zwischen Parteien, die sonst im Über-/Unterordnungsverhältnis stehen, und in dem die Behörde die Möglichkeit hat, den Vertragsgegenstand auch einseitig durch VA zu regeln, § 54 S. 2 VwVfG. Verträge zwischen Bürger und Verwaltungsbehörde sind daher i.d.R. subordinationsrechtlich.

2. Ein Austauschvertrag liegt vor, wenn die vertraglichen Leistungen in einem Gegenseitigkeitsverhältnis stehen, vgl. § 56 S. 1 VwVfG. Dabei muss es sich allerdings nicht um ein strenges Synallagma i.S.d. §§ 320 ff. BGB handeln. Ausreichend ist, dass der Vertragspartner der Behörde seine eigene Leistung im Hinblick und im Vertrauen auf eine behördliche Leistung versprochen hat. Die behördliche Leistung muss noch nicht einmal Vertragsinhalt geworden sein; es genügt, wenn sie Geschäftsgrundlage ist (sog. „hinkender Austauschvertrag").

- Nach § 56 S. 1 VwVfG muss die Gegenleistung für einen bestimmten Zweck vereinbart werden und der Erfüllung öffentlicher Aufgaben dienen.
- Weiterhin fordert § 56 S. 2 VwVfG, dass die Gegenleistung angemessen ist und in einem sachlichen Zusammenhang mit der Leistung der Behörde steht. Durch dieses sog. „Koppelungsverbot" soll insb. ein Verkauf von Hoheitsrechten verhindert werden. Bei Geldleistungen des Bürgers liegt dieser Zusammenhang dann vor, wenn die Geldleistung eine Art Aufwendungsersatz für die Ausgaben darstellt, die dem Hoheitsträger durch die von ihm zu erbringenden Leistungen erwachsen. (Bsp.: Wird eine Baugenehmigung gegen Zahlung einer bestimmten Geldsumme erteilt, so liegt ein sachlicher Zusammenhang vor, wenn die Behörde das Geld für die Schaffung von Stellplätzen verwendet.)

hemmer-Methode: Beachten Sie, dass § 56 VwVfG nur die Zulässigkeit der Gegenleistung des Bürgers, nicht aber die der behördlichen Leistung regelt. Insoweit bleibt es bei der Anwendbarkeit des allgemeinen Rechts: Die Behörde kann sich nur zu Leistungen verpflichten, für die sie zuständig und für deren Erbringung sie nach dem materiellen Recht befugt ist.

Unter den Begriff der Kommunalverfassungsstreitigkeit (KVS) fasst man zum einen Klagen, die von Mitgliedern kommunaler Vertretungskörperschaften gegen Beschlüsse, Abstimmungen, Wahlhandlungen oder die Nichtvollziehung von Beschlüssen gerichtet werden (Intraorganstreit); zum anderen werden Klagen eines Organs gegen ein anderes Organ der Kommune so bezeichnet (Interorganstreit).

Gemeinderatsmitglied A, der Hundebesitzer ist, wird nach Art. 49 I S. 1 BayGO von einer Abstimmung über eine Satzungsänderung, betreffend eine Erhöhung der Hundesteuer, wegen persönlicher Beteiligung ausgeschlossen. A erhebt hiergegen Klage vor dem VG.

Ist der Verwaltungsrechtsweg nach § 40 I S. 1 VwGO eröffnet?

Es müsste sich um eine öffentlich-rechtliche Streitigkeit nichtverfassungsrechtlicher Art handeln, die keinem anderen Gericht zugewiesen ist, § 40 I S. 1 VwGO.

- Eine öffentlich-rechtliche Streitigkeit liegt dann vor, wenn die streitentscheidende Norm dem öffentlichen Recht zuzuordnen ist. Hier geht es um die Rechtmäßigkeit des Ausschlusses von der Abstimmung. Diese richtet sich nach Art. 49 I S. 1 BayGO, der dem öffentlichen Recht angehört. Eine öffentlich-rechtliche Streitigkeit liegt vor.
- Fraglich ist, ob sie nichtverfassungsrechtlicher Art ist. Es handelt sich hier um eine **sog. „Kommunalverfassungsstreitigkeit".** Dennoch ist es eine nichtverfassungsrechtliche Streitigkeit, da es an der sog. doppelten Verfassungsunmittelbarkeit fehlt: Denn es streiten hier nicht zwei Verfassungsorgane über Rechte und Pflichten, die sich unmittelbar aus der Verfassung ergeben. Beim Gemeinderat handelt es sich nicht um ein Parlament, sondern um ein Verwaltungsorgan (vgl. Art. 29 BayGO).

Da eine anderweitige Rechtswegzuweisung nicht ersichtlich ist, ist der Verwaltungsrechtsweg gem. § 40 I S. 1 VwGO eröffnet.

hemmer-Methode: Obwohl die KVS problemlos als nichtverfassungsrechtlich zu qualifizieren ist, sollten Sie doch unbedingt kurz in der Klausur dazu Stellung nehmen. Es handelt sich hier um einen Klassiker im Rahmen der KVS, zu dem der Korrektor von Ihnen in der gebotenen Kürze Ausführungen erwartet.

Beachten Sie, dass bei sog. fraktionsinternen Streitigkeiten nach e.A. der Zivilrechtsweg einzuschlagen ist. Nach a.A. stellen auch diese eine Verwaltungsrechtsstreitigkeit dar, weil die Rechtsverhältnisse der Fraktionen (jedenfalls in Ansätzen) in den Gemeindeordnungen geregelt seien (vgl. z.B. Art. 33 I BayGO). Lesen Sie dazu Hemmer/Wüst, Kommunalrecht Bayern, Rn. 328 ff. und 421!

Lesen Sie zur „doppelten Verfassungsunmittelbarkeit" Hemmer/Wüst, Verwaltungsrecht I, Rn. 44!

Der Begriff der KVS ist lediglich ein Gruppenbegriff, der prozessrechtlich unbeachtlich ist. Für jeden Fall muss gesondert festgestellt werden, welche Klageart statthaft ist.

Soweit der Kläger sein Ziel mit der Anfechtungsklage verfolgen kann, kommt die subsidiäre allgemeine Leistungsklage nicht in Betracht. Damit kommt es darauf an, ob die angegriffene Maßnahme VA-Qualität besitzt.

Gemeinderatsmitglied A wurde zunächst in den Festausschuss gewählt. In der letzten Gemeinderatssitzung wurde er dann allerdings aufgrund seines übermäßigen Alkoholgenusses in den Sitzungen wieder „abgewählt". Diesen Gemeinderatsbeschluss möchte er mit der Anfechtungsklage angreifen.

Ist diese statthaft?

Voraussetzung für eine Anfechtungsklage ist gem. § 42 I HS 1 VwGO, dass der Beschluss des Gemeinderats, den A auszuschließen, einen **VA i.S.d. § 35 VwVfG** darstellt.

Problematisch erscheint hier vor allem das Merkmal der **Außenwirkung**. Diesbezüglich besteht in Literatur und Rspr. Streit:

- Nach e.A. liegt ein VA vor, wenn der Akt im Über-/Unterordnungsverhältnis ergeht und persönliche oder organschaftliche Rechte von Mitgliedern oder Organen berührt. Danach liegt hier ein VA vor.
- Nach a.A. besitzen organisatorische Maßnahmen zumindest dann Außenwirkung, wenn sie sich sowohl innerhalb der Verwaltung auswirken, als auch zugleich die Rechtssphäre bestimmter Personen berühren. Auch nach dieser Ansicht liegt hier ein VA vor, da durch den Ausschluss des A dessen Recht auf Teilnahme und Abstimmung gem. Art. 48 I BayGO tangiert wird (a.A. vertretbar, da A gerade nicht als Person, sondern als Gemeinderatsmitglied betroffen wird).
- Die wohl h.M. verneint die Außenwirkung, solange nur organschaftliche Rechte betroffen sind. Es besteht auch kein praktisches Bedürfnis, die kommunalverfassungsrechtliche Entscheidung dem Begriff des VA zu unterstellen, da die VwGO den Rechtsschutz gegen hoheitliche Maßnahmen nicht auf Anfechtungs- und Verpflichtungsklagen beschränkt. **Nach dieser Ansicht liegt hier eine innerorganisatorische Entscheidung ohne Außenwirkung vor, da A gerade nur als Gemeinderatsmitglied betroffen wird.**

Folgt man dieser Ansicht, ist die Anfechtungsklage des A unzulässig mangels Vorliegens eines VA.
(Es kommen aber Leistungsklage oder Feststellungsklage in Betracht, vgl. Karteikarte 67.)

hemmer-Methode: Anders verhält es sich mit der Verhängung von Ordnungsgeld nach Art. 48 II BayGO oder Art. 19 III S. 2 BayGO; dort ist die VA-Qualität weitgehend unstreitig. Sie ist schon deshalb zu bejahen, weil ansonsten eine Vollstreckung nicht möglich wäre.

Merken Sie sich aber, dass bei der KVS die Anfechtungsklage meist mangels Vorliegens eines VA ausscheidet. Nur so können Sie auch zu dem in Karteikarte 67 dargestellten Streit bzgl. der statthaften Klageart kommen.

Wie immer gilt: Probleme schaffen, nicht wegschaffen!!!

Zur Außenwirkung eines VA lesen Sie Hemmer/Wüst, Verwaltungsrecht I, Rn. 86 ff.!

Sofern i.R.d. KVS die Anfechtungsklage mangels Außenwirkung der fraglichen Maßnahme und damit mangels VA ausscheidet, ist fraglich, welche Klageart einschlägig ist. Denkbar ist eine allgemeine Leistungsklage, eine Feststellungsklage oder eine Klage sui generis (in neuerer Literatur auch allgemeine Gestaltungsklage genannt).

Ein Streitverfahren sui generis wird für die KVS mittlerweile kaum mehr angenommen; man versucht, die KVS in die üblichen Klagearten einzuordnen.

Stellen Sie den Streit, der bzgl. der statthaften Klageart bei der KVS herrscht, dar!

1. BayVGH: grundsätzlich Leistungsklage

Der BayVGH legt einen differenzierenden Maßstab an.

- Ist z.B. nur der Ausschluss von Beratung und Abstimmung in einer einzigen Sitzung in der Vergangenheit nach Art. 49 BayGO im Streit, so komme nur die Feststellungsklage in Betracht, da für die Aufhebung nach Ende der Sitzung und aufgrund der damit eingetretenen Erledigung kein Rechtsschutzinteresse mehr bestehe.
- In anderen Fällen hingegen bestünde wegen der Vermutung der Wirksamkeit ein Rechtsschutzbedürfnis des Klägers auf rechtsgestaltende Aufhebung. Insbesondere wegen des Gebotes effektiven Rechtsschutzes aus Art. 19 IV GG bedürfe es einer Gestaltungsklage („allgemeine Leistungsklage mit kassatorischer Wirkung, a.A. allgemeine Gestaltungsklage"). Vertretbar ist insoweit auch eine Leistungsklage auf Aufhebung des Beschlusses durch die Gemeinde. Ein Feststellungsurteil würde dem Interesse des Klägers hingegen regelmäßig nicht gerecht. Auch sei die Feststellungsklage gegenüber der allgemeinen Leistungsklage nach § 43 II S. 1 VwGO subsidiär.
- Der BayVGH stellt i.Ü. auf den Einzelfall ab und wendet die Leistungs- und Feststellungsklage je nach zu entscheidendem Sachverhalt an. Mittlerweile gibt er dem Kläger ein Wahlrecht.

2. Außerbayerische Rspr.: Feststellungsklage

Nach a.A. komme allein die Feststellungsklage in Betracht.

- Begründet wird dies zum einen damit, dass die Leistungsklage keine Klageart zur Kassation öffentlichen Handelns sei.
- Außerdem seien gemeindliche Beschlüsse, die noch keine Außenwirkung erlangt haben, bei einer fehlerhaften Beschlussfassung ohne weiteres nichtig und entfalteten daher keine Rechtswirkung; eine Aufhebung sei daher schon gar nicht erforderlich.

hemmer-Methode: Wie so oft gilt: Wichtig ist nur, dass Sie beide Ansichten kennen und den Streit mit den wichtigsten Argumenten darstellen. Ist der streitige Gemeinderatsbeschluss bereits erledigt, kommen beide Ansichten übereinstimmend zu einer allgemeinen Feststellungsklage. Ist der Beschluss noch nicht erledigt, können Sie sich frei zwischen beiden Ansichten entscheiden.

Zum Ausschluss wegen persönlicher Beteiligung gem. Art. 49 GO lesen Sie Hemmer/Wüst, Kommunalrecht, Rn. 395 ff.!

Zur Feststellungsklage vgl. Karteikarten 70 ff.

Bei einer Leistungsklage gilt nach h.M. § 42 II VwGO analog (vgl. Karteikarte 36), das gleiche gilt bei der Feststellungsklage (vgl. Karteikarte 74). Erforderlich ist also eine mögliche Verletzung subjektiv-öffentlicher Rechte.

Nach h.M. sind Rechte i.S.d. § 42 II VwGO auch sog. organschaftliche Rechte. In einer KVS müssen damit eigene Rechte des Organs oder Organteils geltend gemacht werden.

Auch bei der Beteiligtenfähigkeit sind bei der KVS regelmäßig Ausführungen angezeigt. Nennen Sie die betreffende Bestimmung, aus der sich die Beteiligtenfähigkeit ergibt:

1. **für den Gemeinderat**
2. **für die Gemeinderatsfraktion**
3. **für das einzelne Gemeinderatsmitglied**
4. **für den ersten Bürgermeister**

1. Beteiligtenfähigkeit des Gemeinderats:

Die Beteiligtenfähigkeit des Gemeinderats als Kollegialorgan ergibt sich aus § 61 Nr. 2 VwGO. Der Gemeinderat ist ein Organ der Gemeinde, dem im Rahmen der KVS eigene Rechte zustehen können. Dabei ist in jedem Fall einzeln zu untersuchen, ob der Gemeinderat Zuordnungsobjekt der im konkreten Rechtsstreit berührten Rechte und Pflichten sein kann.

2. Beteiligtenfähigkeit der Gemeinderatsfraktion:

Auch die Gemeinderatsfraktion ist nach h.M. beteiligtenfähig nach § 61 Nr. 2 VwGO, wenn sie Zuordnungsobjekt der im konkreten Rechtsstreit berührten Rechte und Pflichten ist.

3. Beteiligtenfähigkeit des einzelnen Gemeinderatsmitglieds:

Nach einer Mindermeinung ist das einzelne Gemeinderatsmitglied als natürliche Person gem. § 61 Nr. 1 VwGO beteiligtenfähig. Die h.M. jedoch wendet auch hier § 61 Nr. 2 VwGO (analog) an, da es bei der KVS um organschaftliche Rechte gehe, nicht um Außenrechte der natürlichen Person.

4. Beteiligtenfähigkeit des ersten Bürgermeisters:

Nach wohl h.M. ist auch der erste Bürgermeister nach § 61 Nr. 2 VwGO (analog) beteiligtenfähig, da dieser (z.B. nach Art. 29 BayGO) eine eigene Organstellung innehat. Auch hier ist zu prüfen, ob der erste Bürgermeister Zuordnungsobjekt der im konkreten Rechtsstreit berührten Rechte und Pflichten sein kann.

hemmer-Methode: Bei der Prüfung, ob das entsprechende Organ Zuordnungsobjekt der im konkreten Rechtsstreit berührten Rechte und Pflichten sein kann, ist ähnlich zu verfahren wie bei der Klagebefugnis: Es geht nur darum, ob es möglich erscheint, dass das Organ Zuordnungsobjekt ist. Die Beteiligtenfähigkeit ist also nur dann ausgeschlossen, wenn das geltend gemachte Recht dem Organ unter keinen Umständen zustehen kann. Davon zu unterscheiden ist die Frage, ob dem Organ das Recht auch tatsächlich zusteht. Dies ist eine Frage der Begründetheit.

Auf § 61 Nr. 3 VwGO ist in den meisten Bundesländern bei der Beteiligtenfähigkeit nicht abzustellen, da dort eine solche Bestimmung nicht existiert. Im Übrigen bezieht sich § 61 Nr. 3 VwGO nur auf Außenrechtsstreitigkeiten der Verwaltung mit dem Bürger, nicht auf Innenrechtsstreitigkeiten wie bei der KVS. Zur Beteiligtenfähigkeit vgl. Hemmer/Wüst, Verwaltungsrecht I, Rn. 221 ff.

Die KVS in Form der allgemeinen Leistungsklage ist begründet, wenn sie gegen den richtigen Beklagten gerichtet ist und dem Kläger der geltend gemachte Anspruch tatsächlich zusteht.

(Wird eine Feststellungsklage angenommen, muss man auf das Bestehen bzw. Nichtbestehen des Rechtsverhältnisses abstellen.)

Während einer Beratung im Gemeinderat kam es zu hitzigen Diskussionen. Dabei warf Gemeinderatsmitglied A dem ersten Bürgermeister B vor, dieser betreibe eine „Kuppelwirtschaft", da beim Umbau des Rathauses der Schwager des B aufgrund des günstigsten Angebots den Auftrag erhalten hatte. Jener sei „wohl im familiären Kreise über die Angebote der übrigen Handwerksmeister informiert worden".

Wer ist bei der Klage des B auf Widerruf der Äußerung passivlegitimiert?

Zur analogen Anwendung des § 78 VwGO auf die allgemeine Leistungsklage vgl. Karteikarte 46.

Grundsätzlich gilt das Rechtsträgerprinzip: Zu verklagen ist also der Rechtsträger, dem die Handlung zuzurechnen ist, grundsätzlich also der Träger der handelnden Behörde bzw. des handelnden Organs. Hier soll ein bestimmtes Gemeinderatsmitglied eine Äußerung widerrufen. Fraglich ist, ob diese begehrte Handlung der Gemeinde zuzurechnen ist, oder ob die Klage nicht direkt gegen das einzelne Gemeinderatsmitglied A zu richten ist. Diese Frage ist in der Rspr. umstritten:

- **Nach dem BayVGH ist das Handeln eines Gemeinderatsmitglieds der Gemeinde zuzurechnen.** Sie ist als Rechtsträgerin ihres Organs zu verklagen.

- **Nach a.A. ist das jeweilige zum Handeln verpflichtete Organ bzw. Organteil zu verklagen,** also der Gemeinderat bzw. der Bürgermeister oder das einzelne Gemeinderatsmitglied. Diese Ansicht hat den Vorteil, dass es ansonsten zu prozessrechtlich komplizierten Situationen kommen kann. Im Falle, dass z.B. der Bürgermeister wegen Kompetenzüberschreitung des Gemeinderats gegen diesen Klage erhebt, würde der Bürgermeister auf beiden Seiten des Prozesses stehen: zum einen als Kläger, zum anderen aber auch als Vertreter der Gemeinde nach Art. 38 I BayGO i.V.m. § 62 III VwGO als Beklagte. Allerdings kann dieses Problem auch durch eine Vertretung des ersten durch den zweiten Bürgermeister vermieden werden.

hemmer-Methode: Prinzipiell sind beide Ansichten vertretbar. Allerdings ist zu beachten, dass in Bayern mangels landesrechtlicher Umsetzung eine Klage niemals gegen eine Behörde gerichtet werden kann. Die Möglichkeit des § 78 I Nr. 2 VwGO wurde vom Landesgesetzgeber nicht aufgegriffen. Hier gilt ausschließlich das Rechtsträgerprinzip. Daher erscheint es in Bayern nicht möglich, den Gemeinderat oder das einzelne Mitglied selbst zu verklagen: Die Klage muss gegen die Gemeinde selbst gerichtet werden, zumal bei einer Klage gegen den Gemeinderat dieser nach Art. 36 BayGO auch vom Bürgermeister vertreten würde, sich am Problem des Insich-Prozesses also nichts geändert hätte.

Abschließend sei Ihnen noch einmal veranschaulicht, wo die Problemschwerpunkte der KVS liegen: Relevant wird diese bei der Rechtswegeröffnung (Karteikarte 65), bei der Klageart (Karteikarten 66, 67), bei der Klagebefugnis (Karteikarte 68), bei der Beteiligtenfähigkeit (Karteikarte 68) und bei der Passivlegitimation (Karteikarte 69). Gehen Sie im Kopf noch einmal die genannten Stationen in richtiger Reihenfolge durch und kontrollieren Sie so, ob Sie die Probleme erkannt und korrekt eingeordnet haben.

Mit der allgemeinen Feststellungsklage wird die Feststellung des Bestehens eines Rechtsverhältnisses (positive Feststellungsklage), des Nichtbestehens eines Rechtsverhältnisses (negative Feststellungsklage) oder der Nichtigkeit eines VA (Nichtigkeitsfeststellungsklage) begehrt, § 43 I S. 1 Alt. 2 u. 3 VwGO.

Die Feststellungsklage zielt also auf eine rechtsbezeugende Feststellung. Ein entsprechendes Urteil enthält keinen Leistungsbefehl.

Nennen Sie die Sachentscheidungsvoraussetzungen der allgemeinen Feststellungsklage!

A) Eröffnung des Verwaltungsrechtswegs, § 40 I VwGO

B) Zulässigkeitsvoraussetzungen

I. Statthaftigkeit

- der Klage auf Feststellung eines Rechtsverhältnisses (§ 43 I HS 1 Alt. 1 VwGO)
- der Klage auf Feststellung des Nichtbestehens eines Rechtsverhältnisses (§ 43 I HS 1 Alt. 2 VwGO)
- der Nichtigkeitsfeststellungsklage (§ 43 I HS 1 Alt. 3 VwGO)

II. Subsidiarität der Klage gem. § 43 II S. 1 VwGO

III. Anwendbarkeit des § 42 II VwGO analog

IV. Feststellungsinteresse

V. Allgemeines Rechtsschutzbedürfnis

VI. Besonderheit: § 126 II BBG, § 54 BeamtStG: Vorverfahren

VII. Sonstige Zulässigkeitsvoraussetzungen, sofern problematisch

hemmer-Methode: Typische Anwendungsfälle der allgemeinen Feststellungsklage sind:

- **Feststellung der Genehmigungsfreiheit einer bestimmten Tätigkeit, während die Behörde von einer Genehmigungspflichtigkeit ausgeht (zur Baugenehmigung bzw. den Ausnahmen von der Genehmigungspflichtigkeit vgl. Hemmer/Wüst, Baurecht Bayern, Rn. 57 ff.)**
- **Feststellung der Mitgliedschaft in einer Körperschaft bzw. eines Status; z.B. Status des Kriegsdienstverweigerers, Status eines Gemeinderats**
- **Feststellung, dass eine Zwangsmitgliedschaft z.B. in der Handwerkskammer nicht besteht**

Beachten Sie, dass es neben der allgemeinen Feststellungsklage noch besondere Feststellungsklagen gibt. Dazu gehört die Fortsetzungsfeststellungsklage, die vorbeugende Feststellungsklage (vgl. Hemmer/Wüst, Verwaltungsrecht III, Rn. 73 ff.) und die Zwischenfeststellungsklage nach § 173 VwGO i.V.m. § 256 II ZPO zur Feststellung eines vorgreiflichen Rechtsverhältnisses. Als besondere Art der Feststellungsklage sieht die h.M. ferner das Normenkontrollverfahren gem. § 47 VwGO an.

Das Rechtsverhältnis

Der Begriff des Rechtsverhältnisses i.S.v. § 43 I VwGO ist weit auszulegen: Unter einem Rechtsverhältnis versteht man eine sich aus einem konkreten Sachverhalt aufgrund einer öffentlich-rechtlichen Regelung ergebende rechtliche Beziehung einer Person zu einer anderen Person oder zu einer Sache. Der Kläger muss für die Zulässigkeit der Klage das Rechtsverhältnis schlüssig darlegen; ob es rechtlich existent oder nicht existent ist, ist Frage der Begründetheit.

1. **Was ergibt sich daraus, dass das Rechtsverhältnis hinreichend konkret sein muss?**
2. **Muss das Rechtsverhältnis zwischen den Prozessparteien bestehen?**
3. **Können nur gegenwärtige Rechtsverhältnisse festgestellt werden?**

1. Erfordernis des konkreten Rechtsverhältnisses

Es muss ein bestimmter, bereits überschaubarer Sachverhalt vorliegen, dessen Rechtsfolgen festgestellt werden sollen. Die erforderliche Konkretisierung kann durch jede öffentlich-rechtliche Rechtshandlung, wie z.B. VA, öffentlich-rechtlichen Vertrag oder Rechtsnorm herbeigeführt werden.

Verhindert wird damit, dass rein abstrakte Rechtsfragen i.R.d. Feststellungsklage geklärt werden, da es nicht Aufgabe des Gerichts ist, Rechtsfragen um ihrer selbst willen rechtstheoretisch zu lösen. Daraus ergibt sich auch, dass das Rechtsverhältnis oder einzelne sich aus ihm ergebende Rechte und Pflichten umstritten sein müssen: Der Prozessgegner muss ein Rechtsverhältnis oder einzelne sich daraus ergebende Rechte und Pflichten im Gegensatz zur Auffassung des Klägers behaupten.

2. Die Beteiligten des Rechtsverhältnisses

Das Rechtsverhältnis muss nicht zwischen den Prozessbeteiligten bestehen; die Klage kann sich auch auf die Feststellung des Bestehens oder Nichtbestehens eines Rechtsverhältnisses zwischen dem Beklagten und einem Dritten beziehen (sog. „Drittrechtsverhältnis"). Voraussetzung ist aber, dass von dem Rechtsverhältnis auch eigene Rechte des Klägers abhängen. Das ist der Fall, wenn sich die Feststellung des Bestehens oder Nichtbestehens des Drittrechtsverhältnisses präjudiziell auf das Rechtsverhältnis der Prozessbeteiligten auswirkt.

3. Vergangene und zukünftige Rechtsverhältnisse

Auch zukünftige und vergangene Rechtsverhältnisse können festgestellt werden. Voraussetzung dafür ist allerdings, dass sich aus diesen schon oder noch konkrete, überschaubare Auswirkungen ergeben können. Dies ergibt sich bereits aus dem Wortlaut des § 43 VwGO, der bzgl. des Zeitpunkts, in welchem das Rechtsverhältnis besteht, keinerlei Aussage macht. Die Feststellungsklage auf Feststellung eines künftigen Rechtsverhältnisses ist dabei von der vorbeugenden Feststellungsklage abzugrenzen: Bei letzterer geht es um ein schon bestehendes Rechtsverhältnis, innerhalb dessen nachteilige Veränderungen drohen.

hemmer-Methode: Lesen Sie in Hemmer/Wüst, Verwaltungsrecht II, Rn. 314 das instruktive Fallbeispiel zur Feststellung eines Rechtsverhältnisses!

Die Nichtigkeitsfeststellungsklage

Gegenstand der Nichtigkeitsfeststellungsklage gem. § 43 I HS 1 Alt. 3 VwGO kann nur die Nichtigkeit eines VA sein, nicht die Rechtswidrigkeit eines VA. Dabei ist die Nichtigkeit des angegriffenen VA plausibel darzulegen.

Ob der VA tatsächlich nichtig ist, ist eine Frage der Begründetheit. Ist die Nichtigkeit nicht sofort erkennbar, so kann auch zunächst Anfechtungsklage erhoben werden.

1. **Was muss der Kläger tun, wenn sich im Laufe des Anfechtungsprozesses die Nichtigkeit des VA herausstellt?**
2. **Wie verhält es sich im umgekehrten Fall, wenn der Kläger Nichtigkeitsfeststellungsklage erhoben hat und sich herausstellt, dass der VA lediglich rechtswidrig ist?**
3. **Kann in einer Feststellungsklage auch die Feststellung begehrt werden, dass ein VA nicht nichtig ist?**

1. Im Falle, dass sich die Nichtigkeit des VA erst im Laufe des Anfechtungsprozesses herausstellt, muss der Kläger auf richterlichen Hinweis nach § 86 III VwGO die ursprünglich erhobene **Anfechtungsklage auf eine Nichtigkeitsfeststellungsklage umstellen.** Diese Klageänderung ist immer zulässig, da die Feststellungsklage gegenüber der Anfechtungsklage ein Minus darstellt, §§ 91, 173 VwGO, § 264 Nr. 2 ZPO.

Abzulehnen ist dabei die Ansicht des BayVGH, dass die gegen einen nichtigen VA zulässigerweise erhobene Anfechtungsklage nicht zur Aufhebung, sondern zur Feststellung der Nichtigkeit führt. Dies ist contra legem, da eine Anfechtungsklage nur zur Aufhebung eines VA führen kann, nicht aber ein Feststellungsurteil zulässt (vgl. § 113 I S. 1 VwGO).

2. Wenn der Kläger eine Nichtigkeitsfeststellungsklage erhoben hat, so muss er in dem Fall, dass sich im Laufe des Prozesses herausstellt, dass der VA lediglich rechtswidrig ist, **auf eine Anfechtungsklage gem. § 86 III VwGO umstellen.** Problematisch kann dabei allerdings die Widerspruchs- bzw. Klagefrist der §§ 70, 74 I VwGO sein, da die Einlegung einer Feststellungsklage nach h.M. keine konkludente Widerspruchseinlegung darstellt.

3. Die Frage, ob die Feststellung begehrt werden kann, dass ein VA nicht nichtig ist, ist umstritten.

- Nach e.A. ist eine solche Klage zulässig. Begründet wird dies damit, dass es sich bei einer solchen Klage nur um die Kehrseite der Nichtigkeitsfeststellungsklage handele.
- **Die wohl h.M. erachtet eine solche Klage als unzulässig.** Dies bestätige schon der Wortlaut des § 43 I VwGO. Auch mangele es an der Erforderlichkeit einer solchen Ausdehnung. Denn im Falle, dass der Betroffene die Gültigkeit des betreffenden VA behaupten bzw. feststellen lassen will, stehe ihm die Möglichkeit der positiven Feststellungsklage offen, in der er die Feststellung begehren kann, dass ein Rechtsverhältnis besteht. Ein solches kann in diesem Fall aber nur bestehen, wenn der VA nicht nichtig ist.

hemmer-Methode: Beachten Sie, dass eine Anfechtungs- und eine Nichtigkeitsfeststellungsklage nicht gleichzeitig nebeneinander erhoben werden können wegen der Identität des Streitgegenstandes. Vielmehr hat der Kläger ein Wahlrecht.

Ausgangspunkt, welche Klage er erhoben hat, ist das Klagebegehren und dessen Auslegung gem. § 88 VwGO. Im Falle aber, dass der Klageantrag eindeutig ist und damit nicht ausgelegt werden kann, ist der Weg über § 86 III VwGO zu wählen. In einer Klausur ist dann nach Feststellung der eigentlich richtigen Klageart auszuführen, dass der Richter einen Hinweis gem. § 86 III VwGO geben wird, sodass nachfolgend von einer „ ...klage ausgegangen werden kann“. Denken Sie daran, dass im Examen auch viele Praktiker korrigieren, die gesteigerten Wert auf solche „Kleinigkeiten“ legen.

Nach § 43 II S. 1 VwGO ist die Feststellungsklage gegenüber den Gestaltungs- und Leistungsklagen subsidiär. Dabei kommt es nur darauf an, ob diese Klagen hätten erhoben werden können (Statthaftigkeit), nicht darauf, ob sie i.Ü. noch zulässig sind.

Sinn dieser Regelung ist vor allem, dass die für Anfechtungs- und Verpflichtungsklagen geltenden Sonderregelungen wie Vorverfahren und Klagefrist nicht unterlaufen werden. Auch soll der Klageweg beschritten werden, der für den Kläger am weitgehendsten ist. So ist ihm mit einer Anfechtungsklage oder Verpflichtungsklage mehr gedient als mit einem bloßen Feststellungsurteil, das nur „ideelle“ Rechtskraft entfaltet.

Vom Grundsatz der Subsidiarität der Feststellungsklage gibt es Ausnahmen. Nennen Sie diese!

1. Beklagter ist öffentlich-rechtliche Körperschaft: Unter Heranziehung der Rspr. der Zivilgerichte zur Zulässigkeit der Feststellungsklage wird auch von den VGen angenommen, dass das Subsidiaritätsverhältnis nicht auf die allgemeine Leistungsklage zu beziehen ist, wenn sich die Feststellungsklage gegen einen Träger der öffentlichen Gewalt richtet. Von diesem könne erwartet werden, dass er sich ohne weiteres, auch ohne Vollstreckungsdruck, an der gerichtlichen Feststellung orientieren werde. Dies gelte insbesondere wegen der verfassungsrechtlich verankerten Bindung der Verwaltung an Gesetz und Recht nach Art. 20 III GG.

Nach der wohl überwiegenden Ansicht in der Literatur kann diese zivilrechtliche Rspr. aber wegen des eindeutigen Wortlauts des § 43 II S. 1 VwGO nicht übertragen werden. Insoweit kann auch § 172 VwGO herangezogen werden, der davon ausgeht, dass eine Behörde einer Verpflichtung nicht immer nachzukommen gewillt ist.

2. Beamtenrechtliche Klagen: Hier wird die Subsidiarität der Feststellungsklage nicht angenommen, da nach § 126 II BBG auch bei der Feststellungsklage die besonderen Zulässigkeitsvoraussetzungen von Anfechtungs- und Verpflichtungsklage zu beachten sind, eine Umgehung also nicht droht.

3. Kein ausreichender Rechtsschutz durch vorrangige Klagen: Es besteht keine Subsidiarität der Feststellungsklage, wenn dem Kläger sonst kein ausreichender Rechtsschutz gewährt würde, etwa weil eine Wiederholung der Rechtsverletzung möglich erscheint oder es ohne Feststellung zu einer Vielzahl von Anfechtungsprozessen kommen würde.

4. Es wird gerade kein VA begehrt: In den Fällen, in denen der Kläger behauptet, Rechte ohne Rücksicht auf eine behördliche Genehmigung zu haben, z.B. indem er anführt, sein Verhalten bedürfe keiner Erlaubnis, kommt allein die Feststellungsklage in Betracht. Denn der Kläger kann nicht zu einer Beantragung einer Genehmigung und einer Verpflichtungsklage gezwungen werden, die er nicht erstrebt.

hemmer-Methode: Zu beachten ist auch, dass die Subsidiarität der Feststellungsklage nicht gilt, wenn damit die Feststellung der Nichtigkeit eines VA begehrt wird, § 43 II S. 2 VwGO. Dies liegt vor allem daran, dass es sehr schwer zu beurteilen ist, ob der einem VA anhaftende Fehler zu dessen Rechtswidrigkeit oder zu dessen Nichtigkeit führt.

Klagebefugnis nach § 42 II VwGO analog

Ob es für die Zulässigkeit einer Feststellungsklage einer Klagebefugnis nach § 42 II VwGO analog bedarf, ist umstritten. Der Wortlaut des § 42 II VwGO bezieht sich nur auf Anfechtungs- und Verpflichtungsklage. Daraus könnte geschlossen werden, dass der Kläger bei der Feststellungsklage eine eigene Rechtsverletzung nicht geltend zu machen braucht.

Nennen Sie Argumente, die von Rspr. und Literatur für und gegen eine analoge Anwendung des § 42 II VwGO angeführt werden!

Unterscheiden Sie dabei zwischen Nichtigkeitsfeststellungsklage (§ 43 I Alt. 3 VwGO) und positiver/negativer Feststellungsklage (§ 43 I Alt. 1 und 2 VwGO)!

1. Nichtigkeitsfeststellungsklage, § 43 I Alt. 3 VwGO

Bei der Nichtigkeitsfeststellungsklage nach § 43 I Alt. 3 VwGO ist weitgehend die analoge Anwendung des § 42 II VwGO anerkannt. Begründet wird dies vor allem damit, dass bei jedem Angriff gegen einen VA geltend zu machen sei, dass dieser möglicherweise in Rechte des Betroffenen eingreife. Wenn selbst bei Wirksamkeit des VA keine Rechtsbeeinträchtigung vorliegen könne, bedürfe der Kläger auch keiner Feststellung der Unwirksamkeit (= Nichtigkeit).

2. Positive/negative Feststellungsklage, § 43 I Alt. 1 und 2 VwGO

Hier herrscht in Literatur und Rspr. bzgl. der analogen Anwendung des § 42 II VwGO Streit.

- Nach der Rspr. und dem überwiegenden Teil der Literatur wird § 42 II VwGO analog auf die Feststellungsklage angewendet. Begründet wird dies vor allem mit einem Ausschluss von Feststellungspopularklagen, bei denen sich der Kläger zum Sachwalter der Interessen der Allgemeinheit macht. Die Rechtsschutzgarantie des Art. 19 IV GG setze die Verletzung eigener Rechte voraus. Auch reiche der Anwendungsbereich von allgemeinen Feststellungsklagen sehr weit, da auch die Klage auf Feststellung eines Rechtsverhältnisses zugelassen werde, welches zwischen dem Beklagten und einem Dritten bestehe.
- Nach einer in der Literatur vertretenen Ansicht fehlt es an einer für die Analogie erforderlichen Regelungslücke. Denn die Regelung des § 43 I VwGO a.E. sei gegenüber § 42 II VwGO lex specialis, sodass das Vorliegen eines berechtigten Interesses ausreichend sei. Auch verbiete sich die analoge Anwendung des § 42 II VwGO auf die allgemeine Feststellungsklage schon deshalb, da der § 43 VwGO weniger enge Voraussetzungen enthalte und diese gesetzgeberische Wertung nicht umgangen werden dürfe.

hemmer-Methode: Die analoge Anwendung des § 42 II VwGO auf die allgemeine Feststellungsklage ist ein klassisches Problem und sollte von Ihnen auf jeden Fall angesprochen werden. Es empfiehlt sich, der h.M. zu folgen. Insbesondere das Argument des Ausschlusses jeder denkbaren Art von Popularklagen lässt sich hier anführen.

Zur Klagebefugnis lesen Sie Hemmer/Wüst, Verwaltungsrecht I, Rn. 113 ff.!

Berechtigtes Interesse

Nach § 43 I VwGO a.E. muss der Kläger ein berechtigtes Interesse an der baldigen Feststellung haben. Darin liegt ein Unterschied zur zivilprozessrechtlichen Feststellungsklage nach § 256 ZPO, die ein „rechtliches" Interesse verlangt. Der Begriff des „berechtigten Interesses" ist weitergehend und schließt das rechtliche Interesse mit ein.

1. **Definieren Sie das Erfordernis des berechtigten Interesses an baldiger Feststellung i.S.d. § 43 I VwGO a.E.!**
2. **Nennen Sie die Fallgruppen, bei denen nach Ansicht der Rspr. das Feststellungsinteresse regelmäßig indiziert sein wird!**

1. Definition des berechtigten Interesses an baldiger Feststellung:

- Als berechtigtes Interesse gilt jedes schutzwürdige Interesse rechtlicher, wirtschaftlicher oder ideeller Art. Schutzwürdig ist das Interesse, wenn es hinreichend gewichtig ist, die Rechtslage des Klägers zu verbessern. Die Schutzwürdigkeit beurteilt sich nach vernünftigen Erwägungen auf Grundlage des Einzelfalls. Zu den ideellen Interessen gehören z.B. Interessen politischer, kultureller oder religiöser Art.
- Das Interesse an baldiger Feststellung liegt dann vor, wenn das Bedürfnis des Klägers an der Klärung der Rechtsfrage bereits in der Gegenwart oder für eine nicht ferne Zukunft besteht.

2. Anerkannte Fallgruppen bestehenden Feststellungsinteresses:

- Wiederholungsgefahr*:* Ein berechtigtes Interesse an der Feststellung besteht, wenn sich der konkret streitige Sachverhalt in ähnlichem Umfang bereits wieder abzeichnet.
- unklare Rechtslage*:* Ein berechtigtes Interesse ist zu bejahen, wenn eine unklare Rechtslage besteht, die von der zuständigen Behörde anders interpretiert wird als vom Bürger; dieser will sein künftiges Verhalten an der Feststellung orientieren oder hat Grund zur Besorgnis wegen der Gefährdung seiner Rechte.

  Dazu gehören die Fälle, in denen der Kläger der Auffassung ist, dass sein Handeln keiner behördlichen Genehmigung bedarf, die Behörde jedoch diese Auffassung nicht teilt.
- Auch in Fällen, in denen die Klärung des Rechtsverhältnisses der Wiederherstellung von Rechtspositionen dient, liegt ein berechtigtes Interesse vor, insb. bei fortdauernder diskriminierender Wirkung.

hemmer-Methode: Beachten Sie, dass das Tatbestandsmerkmal der „baldigen“ Feststellung in einer Klausur kaum eigenständige Bedeutung gewinnt. Es wird regelmäßig vorliegen, wenn die Gründe für ein „berechtigtes“ Interesse vorliegen.

Zu den Fallgruppen des berechtigten Interesses bei der FFK wiederholen Sie die Karteikarten 29 u. 30!

Bei der allgemeinen Feststellungsklage ist die Durchführung eines Vorverfahrens gem. § 68 VwGO und die Einhaltung einer Klagefrist gem. § 74 VwGO nicht erforderlich.

Eine Ausnahme besteht lediglich für beamtenrechtliche Klagen. Dies ergibt sich aus § 126 II BBG bzw. § 54 II BeamtStG, wonach auch bei der Feststellungsklage die besonderen Zulässigkeitsvoraussetzungen von Anfechtungs- und Verpflichtungsklage zu beachten sind.

Allerdings kann i.R.d. Feststellungsklage das allgemeine Rechtsschutzbedürfnis relevant werden. Welche Punkte sind hier (gegebenenfalls) anzusprechen?

1. Verwirkung: Das allgemeine Rechtsschutzbedürfnis fehlt bei Verwirkung der Rechtsschutzmöglichkeiten. Dies ist vor allem dann der Fall, wenn der Kläger so spät klagt bzw. sich so verhielt, dass der Klagegegner damit nicht mehr zu rechnen brauchte.

2. Vorheriger Antrag bei der Behörde nach § 44 V VwVfG: Nach e.A. muss der Kläger bei der Nichtigkeitsfeststellungsklage einen vorherigen Antrag auf Feststellung der Nichtigkeit bei der Behörde gestellt haben (gem. § 44 V VwVfG), der erfolglos blieb. Begründet wird dies mit dem allgemeinen Grundsatz, dass das Rechtschutzbedürfnis immer dann zu verneinen sei, wenn der Kläger einen einfacheren Weg für den erstrebten Erfolg hätte beschreiten können. Als solch einfacherer und nächstliegender Weg sei der Antrag nach § 44 V VwVfG zu sehen.

Nach wohl überwiegender Auffassung wird dies abgelehnt. Begründet wird dies mit der höheren Bindungswirkung eines Gerichtsurteils. Vielmehr stehe der Antrag nach § 44 V VwVfG neben der Klage; der Betroffene habe ein Wahlrecht.

3. Vorbeugende Feststellungsklage: Bei der vorbeugenden Feststellungsklage bedarf es eines qualifizierten Rechtsschutzbedürfnisses. Dieses liegt dann vor, wenn dem Kläger ein Abwarten auch unter Berücksichtigung der Möglichkeiten der §§ 80 V, 123 VwGO nicht zugemutet werden kann, weil für ihn damit nicht wiedergutzumachende Nachteile verbunden wären.

4. VA-Befugnis der Behörde: Im Falle, dass die Behörde einen VA erlassen kann, stellt dies i.d.R. für die Behörde einen einfacheren Weg als die Klage dar. In diesen Fällen fehlt der sog. Bürgerverurteilungsklage das Rechtsschutzbedürfnis. Etwas anderes gilt aber, wenn sich zeigt, dass der Bürger gegen den VA gerichtlich vorgehen will (vgl. Karteikarte 45).

hemmer-Methode: Zur vorbeugenden Feststellungsklage vgl. Hemmer/Wüst, Verwaltungsrecht III, Rn. 73 ff. Teilweise wird dieses Problem auch unter dem Prüfungspunkt des „berechtigten Interesses“ behandelt. Da sind „die Geschmäcker“ verschieden!

Begründetheit der Feststellungsklage

Die Formulierung des Obersatzes für die Begründetheitsprüfung richtet sich nach dem Klagebegehren:

Die positive Feststellungsklage ist begründet, wenn das Rechtsverhältnis besteht.

Die negative Feststellungsklage ist begründet, wenn das Rechtsverhältnis nicht besteht. (Auf eine subjektive Rechtsverletzung kommt es nicht an!)

Die Nichtigkeitsfeststellungsklage ist begründet, wenn der VA nichtig ist. Dies richtet sich nach § 44 II VwVfG (Vorliegen spezieller Nichtigkeitsgründe) und § 44 I VwVfG (Vorliegen eines schwerwiegenden offenkundigen Fehlers).

Wer ist bei der Feststellungsklage passivlegitimiert?

Unterscheiden Sie dabei die verschiedenen Alternativen des § 43 I VwGO!

Zu beachten ist, dass nach wohl h.M. § 78 I VwGO keine analoge Anwendung auf die Feststellungsklage findet. Dennoch ist auch hier auf das Rechtsträgerprinzip abzustellen:

1. Positive Feststellungsklage, § 43 I Alt. 1 VwGO: Bei der positiven Feststellungsklage ist richtiger Beklagter derjenige, der das vom Kläger behauptete Rechtsverhältnis bestreitet.

2. Negative Feststellungsklage, § 43 I Alt. 2 VwGO: Bei der negativen Feststellungsklage ist richtiger Beklagter derjenige, der für sich ein bestimmtes Recht in Anspruch nimmt, dessen Existenz der Kläger bestreitet.

3. Nichtigkeitsfeststellungsklage, § 43 I Alt. 3 VwGO: Bei der Nichtigkeitsfeststellungsklage ist in Anlehnung an das Rechtsträgerprinzip des **§ 78 I VwGO** die Klage gegen den Rechtsträger zu richten, dessen Behörde den VA erlassen hat.

hemmer-Methode: Zur Prüfung des § 44 VwVfG lesen Sie Hemmer/Wüst, Verwaltungsrecht I, Rn. 325 ff.

In der Begründetheit der positiven/negativen Feststellungsklage ist die wirksame Begründung des Rechtsverhältnisses zu prüfen und ob dieses noch besteht. Entsprechend ist bei der begehrten Feststellung der Genehmigungsfreiheit auf die Genehmigungstatbestände abzustellen und zu prüfen, ob eine Genehmigung erforderlich wäre (Vorliegen einer Genehmigungspflicht und damit Vorliegen eines Rechtsverhältnisses). Ist dies entgegen der Ansicht der Behörde nicht der Fall, so ist die Klage begründet.

Arbeiten Sie abschließend zur Feststellungsklage den anschaulichen Fall in Hemmer/Wüst, Verwaltungsrecht II, Rn. 343 durch. Auch wenn die Feststellungsklage im Vergleich zu anderen Klagearten eher eine untergeordnete Rolle spielt, können Sie hier nicht „auf Lücke setzen".

Mit der verwaltungsgerichtlichen Normenkontrolle kann die Entscheidung über die Gültigkeit einer landesrechtlichen, im Range unter dem Landesgesetz stehenden Rechtsvorschrift begehrt werden, soweit gesetzlich nicht vorgesehen ist, dass die Rechtsvorschrift ausschließlich durch ein Verfassungsgericht des Landes nachprüfbar ist, § 47 I, III VwGO.

Jedes Gericht kann in einem anhängigen Verfahren die Rechtmäßigkeit einer Norm überprüfen. Verwerfen kann es die Norm allerdings nur, wenn ihm eine gesetzliche Regelung diese Kompetenz zuweist.

Bei der Normenkontrolle sind die Begriffspaare der inzidenten und der prinzipalen Normenkontrolle zu unterscheiden.

1. **Unterscheiden Sie hinsichtlich Streitgegenstand und Rechtsfolgen diese beiden Arten der Normenkontrolle!**
2. **Welche Funktion hat die verwaltungsgerichtliche Normenkontrolle?**

1.1. Streitgegenstand:

- Bei der prinzipalen Normenkontrolle ist die betreffende Norm selbst Streitgegenstand des Verfahrens. Mit ihr wird die Feststellung der Ungültigkeit der Norm begehrt. Sie wird grds. von den Verfassungsgerichten ausgeübt. Das GG macht dies in Art. 93 I Nr. 2 GG deutlich, der nicht nur formelle Bundes- und Landesgesetze, sondern auch im Rang unter dem Gesetz stehende Rechtsvorschriften erfasst. Daneben gibt es die verwaltungsgerichtliche Normenkontrolle nach § 47 VwGO, die nur untergesetzliches Recht erfasst.
- Bei der inzidenten Normenkontrolle wird die Gültigkeit einer Norm nur als Vorfrage im Rahmen einer anderen verwaltungsgerichtlichen Klage geklärt. Bsp.: A beantragt eine Baugenehmigung. Diese wird wegen entgegenstehenden Festsetzungen des Bebauungsplanes abgelehnt. I.R.d. Verpflichtungsklage des A auf Erteilung der Baugenehmigung prüft das Gericht die Gültigkeit des Bebauungsplanes, falls es darauf ankommt.

1.2. Rechtsfolgen:

Nach §§ 78, 82 I, 95 III BVerfGG wirkt die prinzipale verfassungsgerichtliche Verwerfung einer Norm allgemeinverbindlich (objektiver Rechtsschutz); Entsprechendes gilt gem. § 47 V S. 2 HS 2 VwGO für die verwaltungsgerichtliche Normenkontrolle, soweit dem Antrag stattgegeben wird. Hingegen wirkt die Rechtskraft der inzidenten Entscheidung sowie einer ablehnenden Normenkontrollentscheidung nach § 121 VwGO nur inter partes (subjektiver Rechtsschutz).

2. Funktion der verwaltungsgerichtlichen Normenkontrolle:

Nach h.M. ist die Normenkontrolle nach § 47 VwGO ein besonders geartetes Feststellungsverfahren, bei dem es allein um die Feststellung der Gültigkeit einer Norm geht.

Im Hinblick auf ihre Allgemeinverbindlichkeit stellt die verwaltungsgerichtliche Normenkontrolle in erster Linie eine objektive Rechtskontrolle dar („abstrakte Normenkontrolle“). Allerdings ist sie nicht nur objektives Rechtsbeanstandungsverfahren, sondern auch Rechtsschutzverfahren. In den Fällen, in denen der Bürger das Verfahren beantragt, dient die Normenkontrollklage auch dem subjektiven Rechtsschutz (vgl. § 47 II VwGO und § 42 II VwGO). Die verwaltungsgerichtliche Normenkontrolle hat insoweit eine Doppelfunktion.

hemmer-Methode: Beachten Sie die Vorlagepflicht des Gerichts nach Art. 100 I GG, nach der das Gericht, wenn es nachkonstitutionelles formelles Gesetzesrecht für verfassungswidrig hält, dies nicht selbst feststellen darf, sondern die Entscheidung des BVerfG einholen muss. Vgl. dazu Hemmer/Wüst, Staatsrecht II, Rn. 26 ff.

In einigen Bundesländern hat sich die bisherige Bezeichnung VGH (statt OVG) gehalten. Diese darf gem. § 184 VwGO i.V.m. den jeweiligen Landesvorschriften weitergeführt werden, vgl. z.B. Art. 1 I BayAGVwGO. In der Sache hat diese Begrifflichkeit allerdings keine Auswirkungen!

Wie so oft im öffentlichen Recht, nennt auch der § 47 VwGO explizit die Voraussetzungen der Zulässigkeit.

Erstellen Sie ein Prüfungsschema für die Normenkontrollklage nach § 47 VwGO (Zulässigkeit und Begründetheit)!

A) Zulässigkeit

I. Entscheidung des OVG/VGH nur i.R.s. Gerichtsbarkeit
II. Statthaftigkeit, § 47 I VwGO
III. Antragsberechtigung, § 47 II S. 1 VwGO
IV. Antragsbefugnis, § 47 II S. 1 VwGO
V. Antragsfrist, § 47 II S. 1 VwGO
VI. Landesverfassungsgerichtlicher Vorbehalt (str.)
VII. Ordnungsgemäße Antragstellung, Anwaltszwang nach § 67 VwGO
VIII. Allgemeines Rechtsschutzbedürfnis

B) Begründetheit

I. Antragsgegner, § 47 II S. 2 VwGO
II. Prüfungsmaßstab, § 47 III VwGO – Landesverfassungsgerichtlicher Vorbehalt
III. Weitere Begründetheitsprüfung

1. Ermächtigungsgrundlage
2. Formelle Rechtmäßigkeit der zu untersuchenden Rechtsnorm
   - Zuständigkeit, Verfahren
3. Materielle Rechtmäßigkeit der zu untersuchenden Rechtsnorm
   - Ggf. Wirksamkeit der Ermächtigungsgrundlage
   - I.R.d. Ermächtigungsgrundlage
   - Ermessen

hemmer-Methode: Machen Sie sich klar, dass sich die Begründetheitsprüfung stark an diejenige bei der Anfechtungsklage anlehnt, da auch hier das ordnungsgemäße Zustandekommen der Vorschrift sowie ihre Vereinbarkeit mit ihrer Rechtsgrundlage zu untersuchen ist.

Soweit dem Normenkontrollantrag stattgegeben wird, hat die Entscheidung in Ausnahme zu § 121 VwGO Wirkung gegenüber jedermann, sog. erga-omnes-Wirkung, § 47 V S. 2 HS 2 VwGO.

Nach § 47 I Nr. 2 VwGO können Rechtsvorschriften (grds. Normen des Außenrechts), die im Rang unter dem Landesgesetz stehen und damit keine formellen Gesetze darstellen, Gegenstand der Normenkontrolle sein – sofern das Landesrecht dies bestimmt. Nahezu alle Bundesländer haben von dieser Möglichkeit Gebrauch gemacht.

Gemeinderatsmitglied A erhebt Normenkontrollklage zum BayVGH und beantragt, § 25 der Geschäftsordnung des Gemeinderats für nichtig zu erklären. In diesem wird die Redezeit der einzelnen Gemeinderatsmitglieder auf jeweils zehn Minuten pro Tagesordnungspunkt beschränkt; Ausnahmen sieht die Regelung nicht vor. A sieht darin einen unzumutbaren Eingriff in die Redefreiheit eines jeden Abgeordneten.

Ist die Normenkontrollklage statthaft?

Nach § 47 I Nr. 2 VwGO i.V.m. Art. 5 BayAGVwGO können unter dem Landesgesetz stehende Rechtsvorschriften Gegenstand einer Normenkontrollklage sein. **Unter dem Begriff der „Rechtsvorschrift" versteht die h.M. grds. nur Außenrechtssätze, d.h. nur solche mit unmittelbarer Wirkung für und gegen den Bürger.**

- Fraglich ist, ob es sich bei der Geschäftsordnung eines Gemeinderats um einen solchen Außenrechtssatz handelt. Regelungsgegenstand sind die innere Organisation des Gemeinderats sowie der Ablauf der Meinungsbildung. Enthalten sind weiterhin Bestimmungen zur Ladung (vgl. Art. 45 II, 47 II BayGO) sowie zum Ablauf der Beschlussfassung, Regelungen über Fraktionen etc. Damit handelt es sich grds. um innerorganisatorische Vorschriften ohne Außenwirkung auf die Gemeindebürger: Die Geschäftsordnung ist weder als Satzung noch als Verordnung zu qualifizieren. Sie ähnelt in ihren Auswirkungen eher einer behördlichen Verwaltungsvorschrift mit nur interner Bindungswirkung. Sie ist eine „interne Verfahrensordnung eigener Art". Somit könnte davon auszugehen sein, dass die Geschäftsordnung kein tauglicher Prüfungsgegenstand einer Normenkontrollklage ist.
- Allerdings würde dabei außer Acht gelassen, dass die Bestimmungen der Geschäftsordnung über den rein internen Bereich hinausgehen. So führen etwa Verstöße gegen Ladungsvorschriften gem. Art. 47 BayGO zur Beschlussunfähigkeit des Gemeinderats und zur Nichtigkeit dennoch gefasster Beschlüsse.
- Deshalb ist letztlich ausschlaggebend, dass die Geschäftsordnung in abstrakt-genereller Weise die Rechte und Pflichten des Gemeinderats in bestimmten Bereichen mit Außenwirkung regelt. Dies ist aber das Merkmal einer Rechtsnorm im herkömmlichen Sinne. Daher müssen, trotz ihres Charakters als Innenrechtssätze, zumindest solche Bestimmungen in den Anwendungsbereich des § 47 VwGO einbezogen werden, die die Rechte des Gemeinderats und seiner Mitglieder in abstrakt-genereller Weise regeln.

Da es sich bei einer Redezeitbeschränkung um eine solche Bestimmung handelt, ist der Normenkontrollantrag des A statthaft.

hemmer-Methode: Letztlich stellt das Einbeziehen der Geschäftsordnung des Gemeinderats in den Anwendungsbereich des § 47 VwGO nur die Konsequenz aus der Zulassung der Kommunalverfassungsstreitigkeit dar.

Zur umstrittenen Rechtsnatur der Geschäftsordnung lesen Sie Hemmer/Wüst, Kommunalrecht, Rn. 252 ff.

Grds. können nur Außenrechtssätze Gegenstand eines Normenkontrollantrags sein. Allgemeine Verwaltungsanordnungen, Verwaltungsvorschriften und Richtlinien können daher im Prinzip nicht zur Überprüfung gestellt werden.

Auch ein Flächennutzungsplan ist nicht durch die Normenkontrolle überprüfbar. Nach h.M. fehlt es bereits an einer Regelung, da er nur eine Form vorbereitender Bauleitplanung darstellt; auf jeden Fall fehlt es aber an der Außenwirkung. Eine Ausnahme macht die Rechtsprechung nur für den Fall der Ausweisung sog. Konzentrationsflächen i.S.d. § 35 III S. 3 BauGB. Hier soll ein Normenkontrollantrag analog § 47 I Nr. 1 VwGO statthaft sein.

A ist Fachlehrerin an einer Schule für geistig Behinderte. Sie erhebt Normenkontrollklage gegen eine Verwaltungsvorschrift, nach der für Fachlehrer mit Lehrbefähigung an Schulen für geistig Behinderte die regelmäßige wöchentliche Unterrichtsverpflichtung (Regelstundenmaß) höher ist als bei anderen Lehrern.

Ist die Normenkontrolle statthaft?

Fraglich ist, ob eine **Verwaltungsvorschrift durch eine Normenkontrolle überprüfbar** ist.

- Dann müsste es sich gem. § 47 I Nr. 2 VwGO i.V.m. dem jeweiligen Landesgesetz um eine unter dem Landesgesetz stehende Rechtsvorschrift handeln. Unter den Begriff der Rechtsvorschrift fallen grds. nur sog. „Außenrechtssätze", also solche, die zu Gunsten oder zu Lasten des Bürgers wirken können. Bei der Verwaltungsvorschrift handelt es sich dagegen um einen bloßen Innenrechtssatz. Diese bindet nur die unterstellten Behörden und Bediensteten und begründet für den Bürger weder Rechte noch Pflichten. Damit könnte man zu dem Ergebnis kommen, dass die von A gegen die Verwaltungsvorschrift beantragte Normenkontrolle nicht statthaft ist.
- Der VGH Mannheim hat allerdings, angelehnt an die höchstrichterliche Rspr. zu der Geschäftsordnung von kommunalen Vertretungsorganen (vgl. Karteikarte 80), die Normenkontrolle in diesem Fall für statthaft erachtet. Begründet wurde dies damit, dass es sich hier zwar um Verwaltungsvorschriften handele, denen die Eigenschaft als Rechtsvorschriften abzusprechen sei, die aber sowohl nach ihrem Wortlaut als auch nach ihrem Inhalt und Zweck Rechtssätze darstellten, die sich mit Außenwirkung an den Kreis der betroffenen Beamten wenden. Hier würden durch die Verwaltungsvorschrift in abstrakt-genereller Weise Rechte und Pflichten der Lehrkräfte geregelt. Dies sei aber das Merkmal einer Rechtsnorm im herkömmlichen Sinne. Daher müssten, trotz ihres Charakters als Innenrechtssätze, zumindest solche Bestimmungen in den Anwendungsbereich des § 47 VwGO einbezogen werden, die die Rechte der Lehrer in abstrakt-genereller Weise regeln.

  Nach dieser Ansicht ist die Normenkontrolle gegen die Verwaltungsvorschrift statthaft.

hemmer-Methode: Hier ließe sich auch die andere Ansicht vertreten. Insgesamt ist bezüglich der Lehre von den Verwaltungsvorschriften vieles im Fluss, sodass mit guter Argumentation jede Ansicht vertreten werden kann. Insbesondere von der Rspr. wird die Überprüfbarkeit von Verwaltungsvorschriften noch häufig mit der Begründung abgelehnt, dass das darauf hinauslaufen würde, der Verwaltung eine Gesetzgebungsbefugnis zuzubilligen. Eine solche originäre Rechtsetzungsmacht sei aber nicht mit den Grundsätzen des demokratischen Rechtsstaates vereinbar.

Auch das Problem, dass Verwaltungsvorschriften über Art. 3 I GG und die Selbstbindung der Verwaltung Außenwirkung entfalten, wenn nach ihnen faktisch verfahren wird, sollte Ihnen bekannt sein. In diesen Fällen ist auch an eine allgemeine Leistungsklage auf Rücknahme der Verwaltungsvorschrift zu denken.

Zeitliche Gültigkeit des Prüfungsgegenstandes

Da im Normenkontrollverfahren über die Gültigkeit einer Rechtsvorschrift entschieden wird, setzt dieses voraus, dass die Rechtsvorschrift schon „Geltung“ beansprucht, also bereits erlassen ist.

Die Normenkontrolle beschränkt sich nach § 47 I Nr. 2 VwGO auf landesrechtliche, unter dem Landesgesetz stehende Rechtsvorschriften.

1. **Wonach richtet es sich, ob es sich bei einer Norm um eine bundesrechtliche oder landesrechtliche Rechtsvorschrift handelt?**
2. **Was ist der Hintergrund, dass nur landesrechtliche Vorschriften durch die Normenkontrolle überprüfbar sind?**
3. **Wann ist der Erlass einer Norm vollzogen?**
4. **Ab wann kann gerichtlicher Schutz beansprucht werden?**

1. Abgrenzung Bundesrecht/Landesrecht:
Entscheidend ist nicht, ob sich die Ermächtigung für den Erlass im Bundes- oder Landesrecht befindet, sondern ob der Verordnungsgeber bzw. der Satzungsgeber dem Bundesbereich oder dem Landesbereich angehört. Es kommt also darauf an, welches Organ die Rechtsvorschrift erlassen hat. Damit sind Rechtsvorschriften, die ein Landesorgan erlassen hat, immer dem Landesrecht zuzuordnen, auch wenn sie auf einer bundesgesetzlichen Ermächtigung beruhen. (Damit hat in den Ländern, die von der Ermächtigung des § 47 I Nr. 2 VwGO Gebrauch gemacht haben, § 47 I Nr. 1 VwGO an sich nur deklaratorische Bedeutung, da somit auch Satzungen nach den Vorschriften des BauGB zum Landesrecht gehören.)

2. Bedeutung der Beschränkung auf landesrechtliche Vorschriften:
Die Beschränkung erklärt sich, wenn man auf die Konsequenz der Normenkontrolle abstellt: Nach § 47 V S. 2 VwGO ist eine dem Antrag stattgebende Entscheidung des OVG/VGH allgemeinverbindlich und führt zur Ungültigkeit der angegriffenen Vorschrift. Daher kann es nicht angehen, dass das Gericht eines Landes eine Norm für nichtig erklärt, die von einem Organ erlassen wurde, dessen Zuständigkeitsbereich über das Gebiet des Landes hinausreicht.

3. Erlass einer Norm:
Der Erlass einer Norm ist mit deren Verkündung vollzogen. Auf das Inkrafttreten kommt es nicht an. Auch die Rechtmäßigkeit des Erlassverfahrens ist hier nicht relevant.

4. Zeitpunkt, ab dem Rechtsschutz begehrt werden kann:
Rechtsschutz kann ab dem Moment begehrt werden, in dem mit dem Vollzug der Vorschrift gerechnet werden muss. Dies ist regelmäßig dann der Fall, wenn es sich aus Sicht des Normgebers um eine bereits erlassene Norm handelt. Wird z.B. ein Bebauungsplan veröffentlicht, bevor das Anzeigeverfahren durchgeführt ist, so zeigt die Behörde mit der Veröffentlichung, dass sie selbst von der Gültigkeit ausgeht.

hemmer-Methode: Auch muss die Rechtsnorm noch gültig sein, sie darf also nicht aufgehoben sein. Eine Ausnahme gilt für Vorschriften, die trotz Aufhebung noch Rechtswirkung zu erzeugen vermögen, weil z.B. in der Vergangenheit liegende Sachverhalte noch nach dieser Norm zu entscheiden sind.

Beachten Sie, dass auch in den Fällen, in denen gerade strittig ist, ob eine Norm schon rechtsgültig erlassen wurde, die Normenkontrollklage statthaft ist. Gleiches gilt, wenn es um die Frage geht, ob die Norm noch in Kraft oder bereits erloschen ist.

Eine Normenkontrolle nach § 47 VwGO kann nur im Rahmen der Gerichtsbarkeit des OVG/VGH erfolgen: Aus dem Vollzug der angegriffenen Norm müssen sich öffentlich-rechtliche Streitigkeiten i.S.d. § 40 I VwGO ergeben können.

Eine städtische Rechtsverordnung über Kampfhunde enthält neben zahlreichen Vorschriften über Anleinpflichten, Maulkorbzwang etc. in ihrem § 20 einen Bußgeldtatbestand für den Fall bestimmter Zuwiderhandlungen. Hundehalter A will die gesamte Verordnung angreifen.

Gehört der Normenkontrollantrag zur Gerichtsbarkeit des OVG/VGH?

Die Verordnung stellt einen tauglichen Prüfungsgegenstand gem. § 47 I Nr. 2 VwGO i.V.m. Art. 5 BayAGVwGO dar. **Der Rahmen der Gerichtsbarkeit des BayVGH ist eröffnet, wenn sich aus dem Vollzug der angegriffenen Norm öffentlich-rechtliche Streitigkeiten i.S.d. § 40 I VwGO ergeben können:**

- Aufgrund der Regelungen über den Maulkorbzwang und der Anleinpflicht können z.B. VAe erlassen werden, die dann nach § 40 I VwGO vor dem VG angefochten werden können.

- Fraglich ist, ob dies auch für den § 20 der Verordnung gilt, der einen Bußgeldtatbestand enthält. Im Vollzug dieser Regelung können Bußgeldbescheide ergehen gem. Art. 3, 4 BayLStVG i.V.m. § 65 OWiG. Nach § 68 I OWiG entscheidet nach einem verwaltungsbehördlichen Vorverfahren ausschließlich das Amtsgericht. Damit ergeben sich aus dem Vollzug des § 20 der Verordnung keine öffentlich-rechtlichen Streitigkeiten. (Nach h.M. sind die Bußgeldvorschriften von der Gerichtsbarkeit des OVG/VGH ausgenommen, d.h. der Normenkontrollantrag bzgl. § 20 der Verordnung ist unzulässig.)

Dies hat aber keine Auswirkung auf den Rest der Verordnung. **Die Normenkontrollklage gehört im Übrigen zur Gerichtsbarkeit des OVG/VGH.**

hemmer-Methode: Immer wieder tauchen in Klausuren Verordnungen auf, die auch Straf- oder Bußgeldvorschriften enthalten. Hier können Sie dann zeigen, dass Sie die Anwendung des § 47 VwGO verstanden haben, und hinterlassen beim Korrektor gleich zu Beginn der Klausur einen positiven Eindruck.

Merken Sie sich den Satz, wann der Rahmen der Gerichtsbarkeit eröffnet ist. So können Sie bei der Subsumtion unter diesen Satz die Ausnahmen leichter erkennen und bewegen sich auf bekanntem Terrain.

Falls es sich um sog. „self-executing law" (sich selbst vollziehende Norm) handelt, ist direkt auf deren öffentlich-rechtlichen Charakter abzustellen, da diese nicht den Erlass von Vollziehungsakten durch die Verwaltung erfordert und der Vollzug somit nicht entscheidend sein kann.

Die Antragsbefugnis

Antragsbefugt ist gem. § 47 II S. 1 VwGO (neben Behörden) jede natürliche oder juristische Person, die geltend machen kann, durch die Rechtsvorschrift oder deren Anwendung in ihren Rechten verletzt zu sein oder in absehbarer Zeit verletzt zu werden.

1. **§ 47 II VwGO ähnelt § 42 II VwGO. Welche Folgen hat dies?**
2. **Worauf müssen Sie bei der Antragsbefugnis von juristischen Personen achten?**

1. § 47 II VwGO stellt Folgendes klar:

- Eine Rechtsverletzung i.S.v. § 47 II S. 1 VwGO kann nicht nur auf der Anwendung oder dem Vollzug der Rechtsvorschrift beruhen, sondern auch von dieser unmittelbar ausgehen („durch die Rechtsvorschrift").
- Erforderlich ist, dass die Verletzung eigener Rechte möglich erscheint, d.h. die Klage ist nur dann unzulässig, wenn offensichtlich und eindeutig nach keiner Betrachtungsweise die vom Kläger behaupteten Rechte bestehen oder ihm zustehen, deren Verletzung zumindest als möglich erscheint.

  Nicht erforderlich ist, Adressat der angegriffenen Norm zu sein. So können Personen, die außerhalb eines Bebauungsplangebiets wohnen, antragsbefugt sein, wenn sich die nachteiligen Wirkungen der Norm über das Plangebiet hinaus erstrecken.
- Die mögliche Rechtsverletzung muss plausibel dargelegt werden, d.h. die Umstände, die zur Rechtsverletzung führen, müssen substantiiert vorgetragen werden.
- Eine mögliche Rechtsverletzung muss, anders als bei Anfechtungs- und Verpflichtungsklage, nicht gegenwärtig sein; es reicht aus, dass sie in absehbarer Zeit zu erwarten ist.

2. Eigene Rechtsverletzung von juristischen Personen

Bei juristischen Personen, z.B. Gemeinden, Vereinen, Verbänden, ist stets zu prüfen, ob die juristische Person selbst oder lediglich deren Mitglieder durch die Rechtsvorschrift oder deren Anwendung in eigenen Rechten verletzt sein können. Die juristische Person ist nur dann antragsbefugt, wenn sie die Verletzung eigener Rechte behaupten kann.

hemmer-Methode: Beachten Sie jedoch, dass trotz des Erfordernisses der Geltendmachung einer subjektiven Rechtsverletzung für die Zulässigkeit eines NKA bei der Begründetheit des Antrags nicht zu prüfen ist, ob der Antragsteller durch die Norm oder deren Anwendung in seinen Rechten tatsächlich verletzt ist: Es handelt sich um ein objektives Beanstandungsverfahren!

Eine Behörde als Antragstellerin muss keine Rechtsverletzung geltend machen. Behörden in diesem Sinne sind aber nur solche, die mit der Rechtsvorschrift i.R. ihres Geschäftsbereichs befasst sind, vgl. auch KK 88.

Für Bebauungspläne gilt i.R.d. § 47 II VwGO: Eine mögliche Rechtsverletzung liegt dann vor, wenn der Antragsteller durch den Bebauungsplan oder dessen Anwendung negativ in einem Interesse betroffen wird, das bei der Abwägungsentscheidung nach §§ 2 III, 1 VII BauGB als privater Belang Berücksichtigung hätte finden müssen.

Hier wird die Rspr. wohl nach wie vor anerkennen, dass ein Träger abwägungserheblicher Belange antragsbefugt ist.

Skizzieren Sie die drei notwendigen Schritte, die für die Begründung der Rechtsverletzung bei Bebauungsplänen zu erfolgen haben.

1. Hätte das Interesse bei der Abwägung Berücksichtigung finden müssen (berücksichtigungsfähiges Interesse)?

Zunächst ist zu fragen, ob das Interesse als solches in die Abwägung aufzunehmen ist. Abwägungsrelevant ist ein Interesse dann, wenn es objektiv nicht geringwertig ist. Die als Abwägungsmaterial beachtlichen privaten Interessen sind nicht auf subjektive Rechtspositionen oder gar Grundrechtspositionen beschränkt.

2. Hätte das Interesse bei einer Abwägung nach §§ 2 III, 1 VII BauGB Berücksichtigung finden müssen (schutzwürdiges Interesse)?

Im zweiten Schritt ist zu prüfen, ob der Belang schutzwürdig ist. Falls nicht, scheidet die Berücksichtigung bei einer Abwägung nach §§ 2 III, 1 VII BauGB aus. Dabei sind insb. zwei Gruppen zu unterscheiden:

- Das Interesse ist unter Missachtung der Rechtsordnung nur faktisch entstanden, z.B. Schwarzbau.
- Die Rechtsordnung will sich dem Interesse gegenüber, jedenfalls was die Relevanz für die Bauleitplanung betrifft, bewusst neutral verhalten, obwohl es in tatsächlicher Hinsicht nicht als geringfügig anzusehen ist (z.B. Wettbewerbsinteressen von Einzelhandelsunternehmen, Veränderungen von Absatzchancen infolge eines Bebauungsplans).
- Die Schutzwürdigkeit entfällt nach der Rspr. auch dann, wenn der Antragsteller damit rechnen musste, dass „so etwas geschieht", z.B. das Verbauen der schönen Aussicht.

3. Hätte das Interesse bei der konkreten Abwägung nach §§ 2 III, 1 VII BauGB Berücksichtigung finden müssen (erkennbares Interesse)?

Im letzten Schritt ist dann zu prüfen, ob die negative Betroffenheit nicht nur geringfügig und wahrscheinlich und deshalb für die planende Behörde (= Satzungsgeber) erkennbar war. Letzteres setzt für nicht-offensichtliche Beeinträchtigungen eine Geltendmachung i.R.d. Bürgerbeteiligung (gem. § 3 BauGB) voraus.

hemmer-Methode: Bei der Anfechtungsklage gegen den Erlass einer Baugenehmigung sind grundsätzlich nur die Eigentümer der benachbarten Grundstücke und die Inhaber beschränkt dinglicher Rechte klagebefugt nach § 42 II VwGO, nicht aber die nur obligatorisch Berechtigten, wie z.B. Mieter. Grund findet dies darin, dass das Baurecht grds. grundstücksbezogen ist (im Gegensatz zum Immissionsschutzrecht).

Dies gilt aber nicht für die Normenkontrolle. Hier ist anerkannt, dass auch das Interesse eines Mieters an einer bestimmten Grundstücksnutzung schützenwert ist. Lesen Sie Hemmer/Wüst, Baurecht, Rn. 447 ff.

Die Antragsfrist

Nach § 47 II S. 1 VwGO gilt eine Antragsfrist von einem Jahr nach Bekanntmachung (nicht nach Inkrafttreten!) der Rechtsvorschrift.

Ein Vorverfahren ist bei der Normenkontrolle nicht erforderlich.

1. **Für die Antragstellung gelten die Vorschriften zur Klageerhebung (§§ 81, 82 VwGO) entsprechend. Kann der Antrag auf Normenkontrolle auch zur Niederschrift der Geschäftsstelle des OVG/VGH erklärt werden? Worauf muss der Antrag gerichtet sein?**

2. **Nach § 47 III VwGO prüft das OVG die Vereinbarkeit der Vorschrift mit Landesrecht nicht, soweit gesetzlich vorgesehen ist, dass die Rechtsvorschrift ausschließlich durch das Verfassungsgericht eines Landes nachprüfbar ist, sog. landesverfassungsgerichtlicher Vorbehalt. Ist § 47 III VwGO eine Zulässigkeitsvoraussetzung?**

1.1. Die Antragstellung zur Niederschrift bei der Geschäftsstelle des OVG/VGH ist nach § 81 I S. 2 VwGO unzulässig. Der Antrag ist vielmehr schriftlich einzureichen. (Nur beim VG kann eine Klage gem. § 81 I S. 2 VwGO zur Niederschrift des Urkundsbeamten der Geschäftsstelle erhoben werden.) Nach § 67 IV VwGO muss der Antrag durch einen Anwalt eingereicht werden.

Im Falle, dass eine Normenkontrolle beim VG beantragt wurde, so hat dieses nach § 83 VwGO i.V.m. § 17a II GVG analog an das zuständige OVG/VGH zu verweisen.

1.2. Der Antrag muss auf die Feststellung der Ungültigkeit einer Rechtsvorschrift gerichtet sein. Auch muss die Rechtsvorschrift, deren Überprüfung beantragt wird, eindeutig bezeichnet sein. Andernfalls ist der Antrag nur zulässig, wenn sich aus dem sonstigen Vorbringen des Antragstellers mit hinreichender Bestimmtheit schließen lässt, welche Rechtsvorschrift konkret überprüft werden soll. Bloße Vermutungen sind nicht ausreichend.

Ausnahmsweise kann auch die Feststellung der Teilnichtigkeit von einzelnen Bestimmungen der Rechtsvorschrift beantragt werden.

2. Landesverfassungsgerichtlicher Vorbehalt

Nach h.M. handelt es sich bei § 47 III VwGO nicht um eine Zulässigkeitsvoraussetzung, sondern eine Beschränkung des Prüfungsmaßstabes im Rahmen der Begründetheitsprüfung. Begründet wird dies mit dem Wortlaut des § 47 III VwGO (vgl. auch Karteikarte 89). Falls man mit einer Mindermeinung annimmt, dass § 47 III VwGO eine Zulässigkeitsregelung enthalte, so ist die Normenkontrolle unzulässig, wenn die Verletzung anderer als verfassungsrechtlicher Normen i.S.v. § 47 III VwGO nach keiner Betrachtungsweise vorliegen kann.

hemmer-Methode: Da dies fast nie der Fall sein wird, kommt es auf den Meinungsstreit i.d.R. nicht an, sodass es sich empfiehlt, den § 47 III VwGO in der Zulässigkeit nur kurz anzusprechen.

Beachten Sie, dass das Normenkontrollverfahren nicht von Amts wegen eingeleitet wird, sondern das OVG/VGH nur auf Antrag tätig wird. Auch kann eine Klage nicht in einen Normenkontrollantrag umgedeutet werden; wohl aber besteht die Möglichkeit, dass der Kläger vor dem VG (nach richterlichem Hinweis gem. § 86 III VwGO) seinen Klageantrag auf einen Normenkontrollantrag umstellt, und das VG das Verfahren an das zuständige OVG/VGH verweist.

Zur ordnungsgemäßen Klageerhebung nach §§ 81, 82 VwGO lesen Sie Hemmer/Wüst, Verwaltungsrecht I, Rn. 211, 212.

Das Rechtsschutzbedürfnis von natürlichen Personen

Da die Normenkontrolle auch dem individuellen Rechtsschutz dient, muss der Antragsteller ein allgemeines Rechtsschutzbedürfnis haben. Deshalb ist erforderlich, dass die Rechtsverletzung noch verhindert oder noch gemindert werden kann.

Ein Problem ergibt sich auch dann, wenn ein auf der angegriffenen Norm beruhender VA bestandskräftig geworden ist (z.B. durch Ablauf der Klagefristen für eine Anfechtungsklage).

1. **A beantragt die Unwirksamkeitserklärung einer kommunalen Abgabensatzung, aufgrund derer ein mittlerweile bestandskräftiger Beitragsbescheid gegen ihn erlassen wurde.**
2. **A beantragt die Unwirksamkeitserklärung eines Bebauungsplans, aufgrund dessen bereits bestandskräftige Baugenehmigungen erlassen worden sind.**

Frage: Liegt das Rechtsschutzbedürfnis (jeweils) vor?

1. Die Frage, ob der Antrag nach § 47 VwGO zulässig ist, wenn ein bereits bestandskräftiger VA vorliegt, ist umstritten.

- **E.A. verneint die Zulässigkeit eines solchen Antrags**, da der inzwischen unanfechtbar gewordene VA von der Entscheidung des OVG nicht mehr berührt werden könne. **Daher fehle dem Antrag das Rechtsschutzbedürfnis.**
- **Eine andere Ansicht differenziert in diesen Fällen: So wird unterschieden zwischen bereits vollzogenen und noch nicht vollzogenen VAen:** Zwar stimme es, dass ein bereits bestandskräftiger VA nicht automatisch unwirksam wird, wenn die Norm, auf der er beruht, im Verfahren nach § 47 VwGO für nichtig erklärt wird. Dies ergibt sich bereits aus § 47 V S. 3 VwGO i.V.m. § 183 S. 1 VwGO (lesen!), der nach h.M. nicht nur auf unanfechtbare gerichtliche Entscheidungen, sondern auch auf unanfechtbare VAe anzuwenden ist. Allerdings darf in den Fällen der Feststellung der Nichtigkeit einer Vorschrift ein darauf beruhender VA gem. § 47 V S. 3 VwGO i.V.m. § 183 S. 2 VwGO nicht mehr vollstreckt werden. In diesen Fällen besteht nach dieser Ansicht dann das erforderliche Rechtsschutzbedürfnis. Falls der Beitragsbescheid also schon vollstreckt wurde, fehlt auch nach dieser Ansicht dem Antrag das Rechtsschutzbedürfnis. Etwas anderes kann sich dann ergeben, wenn bspw. bei einer Gebührensatzung Wiederholungsgefahr droht.

2. Hier wurde von den aufgrund des Bebauungsplans ergangenen Baugenehmigungen bereits Gebrauch gemacht. Deshalb könnte dem Antrag das Rechtsschutzbedürfnis fehlen. Allerdings muss beachtet werden, dass durch die Nichtigerklärung des Bebauungsplans die Behörde sich dazu veranlasst sehen könnte, die Baugenehmigungen nach § 48 VwVfG zurückzunehmen. Zwar kann der Bürger diese sich aus Art. 20 III GG ergebende Rechtspflicht nicht einklagen (vgl. § 47 V S. 3 VwGO i.V.m. § 183 S. 1 VwGO), **aber eine Ansicht lässt die sich daraus für den Antragsteller ergebende Chance, dass die Behörde von sich aus tätig wird, als Rechtsschutzinteresse für ein primär objektives Beanstandungsverfahren genügen.**

hemmer-Methode: Insgesamt ist hier vieles umstritten. Denken Sie bei dem Bsp. der Baugenehmigung auch an das Problem des Bestandsschutzes, vgl. dazu Hemmer/Wüst, Baurecht, Rn. 177 ff. Das Rechtsschutzbedürfnis ist jedenfalls dann zu bejahen, wenn ein vergleichbarer VA wieder erlassen werden kann. Außerdem kann auch damit argumentiert werden, dass der Bebauungsplan auch für künftige Umbauten relevant ist, so dass jedenfalls ein Überprüfungsinteresse des Betroffenen besteht.
Ein Rechtsschutzbedürfnis kann auch dann fraglich sein, wenn die angegriffene Norm nicht mehr besteht. Grds. ist darauf abzustellen, ob diese noch Rechtswirkungen zeigt. Zu denken ist daran bei der Veränderungssperre nach §§ 14, 16 BauGB, die von Natur aus relativ kurzlebig ist: Hier allerdings hat das BVerwG entschieden, dass grds. eine Normenkontrolle zulässig sein muss, auch wenn die Veränderungssperre nicht mehr besteht, da andernfalls die Rechtsschutzfunktion des § 47 VwGO erheblich beeinträchtigt wäre.

Rechtschutzbedürfnis von Behörden / die Beiladung

„Rechtsschutzbedürfnis" passt an sich nicht für einen Antrag durch die Behörde: Diese macht gerade nicht geltend, durch die Vorschrift in ihren Rechten verletzt zu sein. Sie leitet ein rein objektives Beanstandungsverfahren ein. Dennoch muss auch hier ein Bezug zu der in Frage stehenden Rechtsvorschrift vorliegen. Ein bloßes Behaupten reicht nicht aus, vielmehr muss dieser Bezug auch tatsächlich vorliegen. Die Behörde muss i.R. ihres Geschäftsbereichs mit der Vorschrift befasst sein, sei es als Vollzugs-, sei es als Aufsichtsbehörde.

1. **Gemeinde A erlässt einen Bebauungsplan. Anschließend ist sie der Auffassung, dass dieser gegen höherrangiges Recht verstößt, und beantragt vor dem OVG die Feststellung der Nichtigkeit. Zulässig?**
2. **Wie verhält es sich mit einem entsprechenden Antrag der Rechtsaufsichtsbehörde?**
3. **Gibt es eine Beiladung im Normenkontrollverfahren?**

1. Im Falle, dass eine Behörde eine Normenkontrolle gegen eine von ihr selbst erlassene Vorschrift beantragt, fehlt dem Antrag das Rechtsschutzbedürfnis. Denn die Behörde ist dann nicht auf gerichtliche Hilfe angewiesen: Vielmehr ist es ihr möglich, über die Vorschrift zu verfügen und sie selbst im Rechtsetzungsverfahren aufzuheben oder zu ändern. **Damit ist der Antrag der Gemeinde A unzulässig (str.).**

2. Die Rechtsaufsichtsbehörde hat keine unmittelbare Befugnis zur Änderung oder Aufhebung der von der Fachbehörde erlassenen Normen. **Sie kann damit einen Antrag nach § 47 VwGO stellen.** Das Gleiche gilt für die Widerspruchsbehörde, die über einen VA zu entscheiden hat, der aufgrund der gemeindlichen Satzung erlassen wurde. Strittig ist in diesem Fall, ob die Widerspruchsbehörde den Normenkontrollantrag stellen muss oder ob sie die Satzung auch inzident verwerfen darf.

3. Die Frage der Beiladung gem. § 65 VwGO im Normenkontrollverfahren regeln die §§ 47 II S. 3, 65 I VwGO. Danach ist eine einfache, aber keine notwendige Beiladung denkbar, wobei das Ermessen des Gerichts im Einzelfall auf Null reduziert sein kann.

hemmer-Methode: Denken Sie daran, dass die Beiladung zwischen Zulässigkeit und Begründetheit abzuhandeln ist, da sich die Zulässigkeit bzw. Unzulässigkeit einer Beiladung nicht auf die Erfolgsaussichten des Verfahrens auswirken kann. Zwar wird in einer Klausur kein Schwerpunkt auf der Beiladung liegen, dennoch wird deren Abhandlung Ihnen gerade bei einem Praktiker Pluspunkte bringen.

Zur Beiladung und zur objektiven Klagehäufung, die auch zwischen Zulässigkeit und Begründetheit zu behandeln ist, lesen Sie Hemmer/Wüst, Verwaltungsrecht I, Rn. 248 ff.!

Die Begründetheit

Der Normenkontrollantrag ist begründet, wenn der Antragsteller den richtigen Antragsgegner gewählt hat und die angegriffene Norm ungültig ist, § 47 V S. 2 VwGO. Dies ist dann der Fall, wenn sie gegen höherrangiges Recht verstößt, sei es, dass sie formell rechtswidrig ist, sei es, dass sie materiell nicht mit ihrer Rechtsgrundlage übereinstimmt oder die Ermächtigungsgrundlage selbst gegen höherrangiges Recht verstößt oder der Erlass Ermessensfehler aufweist. Eine subjektive Rechtsverletzung des Antragstellers ist nicht vonnöten. Dies folgt aus dem Charakter der Normenkontrolle als primär objektives Beanstandungsverfahren.

1. **Gilt auch bei der Normenkontrolle das Rechtsträgerprinzip?**
2. **Hundehalter A beantragt die Feststellung der Nichtigkeit einer städtischen Rechtsverordnung über Kampfhunde. Er macht geltend, dass diese gegen Art. 103 BV (Eigentumsgrundrecht der Bayerischen Verfassung) verstößt. Was wird das Gericht tun?**

1. Auch bei der Normenkontrolle gilt das Rechtsträgerprinzip: Dies ergibt sich aus § 47 II S. 2 VwGO, der gegenüber § 78 VwGO eine speziellere Regelung enthält. Danach ist der Antrag gegen diejenige Körperschaft, Anstalt oder Stiftung zu richten, welche die Rechtsvorschrift erlassen hat.

2. Hier macht A geltend, dass die Rechtsverordnung gegen Art. 103 BV verstößt. Fraglich ist, ob das Gericht die Verletzung dieses Grundrechts der bayerischen Verfassung durch die Rechtsverordnung überprüfen kann.

- Dem könnte § 47 III VwGO entgegenstehen. Hiernach könnte die Überprüfung der Verletzung von Landesverfassungsrecht den Landesverfassungsgerichten vorbehalten sein, **sog. landesverfassungsgerichtlicher Vorbehalt**. Hier geht es um ein Grundrecht der bayerischen Verfassung. In Bayern behält Art. 98 S. 4 BV die Prüfung der Frage, ob eine Rechtsvorschrift Grundrechte der bayerischen Verfassung verletzt, ausschließlich dem BayVerfGH vor. Der VGH kann nicht prüfen, ob die Rechtsvorschrift gegen Art. 103 BV verstößt, der Normenkontrollantrag könnte damit als unbegründet abzuweisen sein.
- Hier beruft sich A auf sein Eigentumsrecht aus Art. 103 BV. Das Recht auf Eigentum wird auch durch das Grundgesetz gewährt, Art. 14 I GG. Damit kann der VGH den Antrag des A gem. § 88 VwGO dahingehend auslegen, dass die Verletzung von Art. 14 I GG gerügt werden soll. **Prüfungsmaßstab des Antrags ist damit Art. 14 I GG. Eine Abweisung braucht nicht zu erfolgen.**

hemmer-Methode: Sie sehen, dass der landesverfassungsgerichtliche Vorbehalt des § 47 III VwGO letztendlich i.d.R. keine Auswirkung auf die Begründetheit hat. Relevant wird dieser sowieso nur in Bayern (wegen Art. 98 S. 4 BV) und in Hessen (wegen Art. 132 Verf HE).

Wenn ausschließlich die Verletzung von Landesgrundrechten gerügt wird, müssen Sie nach der oben gezeigten Methode den Antrag gem. § 88 VwGO auslegen und ein inhaltsgleiches Grundrecht des Grundgesetzes heranziehen.

Praktische Bedeutung hat dann der § 47 III VwGO nur bei Art. 103 BV (Eigentum) bzgl. juristischer Personen des öffentlichen Rechts, da der BayVerfGH vertritt, dass sich auch diese auf das Eigentumsgrundrecht berufen können, wenn ihre Rechtsstellung der einer Privatperson gleicht.

Die Begründetheitsprüfung lehnt sich stark an die der Anfechtungsklage an: Auch hier ist das ordnungsgemäße Zustandekommen der Vorschrift sowie ihre Vereinbarkeit mit ihrer Rechtsgrundlage zu klären.

Zunächst ist die Rechtsgrundlage zu ermitteln, da sich hieraus häufig erst die Zuständigkeit und die einzuhaltende Form ergeben. Neben den Satzungen des BauGB ist in den Ländern, die von § 47 I Nr. 2 VwGO Gebrauch gemacht haben, an die Gemeindeordnung, das Sicherheitsrecht oder das kommunale Abgabenrecht zu denken.

Nennen Sie die wichtigsten formellen Prüfungspunkte bei der Normenkontrolle!

1. Zuständigkeit

Die Zuständigkeit ergibt sich meist aus der einschlägigen Ermächtigungsgrundlage.

- Für den Erlass von Satzungen leitet sich diese in Bayern z.B. aus der Grundsatzregelung des Art. 23 S. 1 BayGO ab, der den Gemeinden die Zuständigkeit für den Erlass von Satzungen im eigenen Wirkungskreis zuweist.
- Bei der Gemeinde ist neben der Verbandskompetenz an die Organkompetenz (z.B. Art. 29 BayGO: Gemeinderat) zu denken. Nach Art. 42 II BayLStVG ist bei dringenden Verordnungen, deren Erlass keinen Aufschub dulden, ausnahmsweise der Bürgermeister, der Landrat oder der Bezirkstagspräsident zuständig.

2. Verfahren

- Hier kann insb. die ordnungsgemäße Beschlussfassung des Gemeinderats relevant werden, die sich nach der jeweiligen Gemeindeordnung richtet. Auch Bekanntmachung und Verkündung müssen ordnungsgemäß erfolgen. Dies ist meist in Spezialgesetzen geregelt.
- Bei Satzungen ist auf die Ausfertigung durch den Bürgermeister vor der Verkündung zu achten. In Bayern ist diese Anforderung durch Art. 26 II BayGO gesetzlich geregelt. I.Ü. ist die Rspr. des BVerwG zu beachten. Nach dieser ist die Ausfertigung einer Satzung Wirksamkeitsvoraussetzung. Dies sei Ausfluss des Rechtsstaatsprinzips, Art. 20 III GG. Der Bürgermeister müsse dokumentieren, dass die Norm, die veröffentlicht werde, mit dem erlassenen Tatbestand übereinstimme.
- In manchen Fällen bedarf es auch einer *Genehmigung.*

hemmer-Methode: Hier wurden nur einige Beispiele gewählt. Für Sie bedeutet dies, sich mit den landesrechtlichen Ermächtigungsgrundlagen zu beschäftigen. Insbesondere in den Hauptkursfällen des Baurechts, Ordnungsrechts und Kommunalrechts finden Sie einige davon bearbeitet.

Auch hier gilt wieder, dass Sie sich nicht mit sturem Auswendiglernen belasten sollten, da Sie mit einer ordentlichen Subsumtion der betreffenden Vorschriften zu allen relevanten Problemen kommen.

Der Schwerpunkt wird in der Prüfung bestehen, ob die Satzung oder Verordnung sich im Rahmen ihrer Rechtsgrundlage hält und auch sonst nicht gegen höherrangiges Recht verstößt. Eröffnet die Rechtsgrundlage einen Ermessensspielraum, hat der Satzungs- oder Verordnungsgeber sein Ermessen zu betätigen. Die Überprüfung erfolgt im Rahmen der allgemeinen Ermessensfehlerlehre.

Allerdings kann es, wenn der Sachverhalt dazu Anlass bietet, erforderlich sein, die Wirksamkeit der Rechtsgrundlage zu überprüfen. Dabei ist bei Verordnungen Art. 80 GG zu beachten und zu prüfen, ob die Ermächtigungsgrundlage den Anforderungen des Art. 80 GG genügt. (Dieser gilt allerdings nicht für Satzungen.)

Räumt die Ermächtigungsgrundlage dem Normgeber ein Ermessen ein, ist auch dessen rechtmäßige Ausübung zu prüfen.

Welche Ermessensfehler kennen Sie? Differenzieren Sie dabei zwischen inneren und äußeren Ermessenfehlern!

1. Innere Ermessensfehler ≈ § 114 S. 1 Alt. 2 VwGO

Diese liegen vor, wenn die Betätigung des Ermessens dem Zweck der Ermächtigungsgrundlage zuwiderläuft:

- Heranziehungsfehler: Ein negativer Heranziehungsfehler liegt vor, wenn der Normgeber Gesichtpunkte, die vom Zweck der Ermächtigungsgrundlage her relevant sind, nicht berücksichtigt hat. Wurden Gesichtspunkte herangezogen, die dem Zweck der Ermächtigungsgrundlage zuwiderlaufen, liegt ein positiver Heranziehungsfehler vor.
- Auslegungsfehler: Er liegt vor, wenn der Normgeber die vom Zweck der Norm her relevanten Gesichtspunkte in ihrer Bedeutung nicht richtig bestimmt hat.
- Abwägungsfehler: Er ist anzunehmen, wenn die im Rahmen des Normzwecks heranzuziehenden Belange untereinander in einem Konflikt stehen und der Normgeber diesen Konflikt nicht zu einem verhältnismäßigen Ausgleich gebracht hat. An dieser Stelle ist in Klausuren meist eine Grundrechtsprüfung mit dem Schwerpunkt auf der Verhältnismäßigkeit durchzuführen.
- Ermessensunterschreitung: Diese liegt vor, wenn der Normgeber sein Ermessen gar nicht ausgeübt hat.

2. Äußere Ermessensfehler ≈ § 114 S. 1 Alt. 1 VwGO

Diese liegen vor, wenn das Ergebnis der Ermessensbetätigung gegen höherrangiges Recht verstößt. Als Beispiele seien genannt:

- Rückwirkungsproblematik: Falls die Norm rückwirkend in Kraft gesetzt wurde, ist zwischen echter und unechter Rückwirkung zu unterscheiden. Letztere liegt vor, wenn die Norm in einen in der Vergangenheit begonnen Lebenssachverhalt eingreift, der noch nicht abgeschlossen ist. Sie ist grds. zulässig. Bei der echten Rückwirkung greift die Norm nachträglich in bereits abgeschlossene Vorgänge ein. Sie ist i.d.R. unzulässig. Ausnahmen bestehen, wenn eine nichtige Norm ersetzt wird, wenn mit dem Erlass einer Norm zu rechnen war oder wenn überwiegende Interessen des Gemeinwohls dies erfordern.
- Bestimmtheitsprinzip: Falls der Sachverhalt dazu Anlass bietet, ist zu prüfen, ob die einzelnen Bestimmungen der Verordnung oder Satzung dem Bestimmtheitsgebot genügen.

hemmer-Methode: § 114 S. 1 VwGO darf hier nicht direkt herangezogen werden, da es gerade nicht um den Erlass eines Verwaltungsaktes, sondern einer Norm geht! Bei einem Bebauungsplan ist zudem darauf zu achten, dass es nicht um Ermessen im engeren Sinn, sondern um eine Abwägung geht, vgl. § 1 VII BauGB.

A

D

E

L

M

N

O

P

T

U

V

hemmer/wüst Verlag

Unser Lernsystem im Überblick

Digitale Produkte

■ eBooks - ab 9,90 €

Die hemmer Skriptenreihe als eBooks für mobile Geräte und PC

In den eBooks, die mit unserer hemmer Skriptenreihe identisch sind, werden die für die Prüfung nötigen Zusammenhänge umfassend aufgezeigt und wiederkehrende Argumentationsketten eingeübt. Nutzen Sie die eBooks als Ihre ortsunabhängige Bibliothek. Sie sind klausurorientiert und zahlreiche Beispielsfälle erleichtern das Verständnis. So wird Prüfungswissen auf anspruchsvollem Niveau vermittelt.

Die studentenfreundliche Preisgestaltung ermöglicht den Erwerb kompletter Skriptenreihen als Gesamtwerk. Die hemmer eBooks sind über den hemmer-shop erhältlich.

Erhältlich über unseren hemmer-shop

www.hemmer-shop.de

Die Shorties:
in 20 Stunden zum Erfolg!
KNAPPER GEHT ES NICHT -
DIE SOUNDS DER JURISTEREI! IN KÜRZE VERHELFEN DIE SHORTIES SO ZUM ERFOLG. SIE DIENEN ALS CHECKLISTE ZUM ERFASSEN DES JEWEILIGEN RECHTSGEBIETS UND ZUM REKAPITULIEREN.
+ ZUSÄTZLICH IN JEDER BOX: LERNTIPPS ZUM EFFEKTIVEN WIEDERHOLEN!
Die Shorties 2/II
IN 20 STUNDEN ZUM ERFOLG
SchadensR
GoA, BerR
DeliktsR
by hemmer
DIE SHORTIES 2/II
SchadensR
GoA, BerR
DeliktsR
IN 20 STUNDEN ZUM ERFOLG
ERHÄLTLICH ÜBER UNSEREN HEMMER-SHOP
www.hemmer-shop.de

Notizen

Notizen

Notizen

DAS PRÜFUNGSWISSEN

Verwaltungsr

- Die Verpflichtungsklage
- Die Fortsetzungsfeststellungsklage
- Die allgemeine Leistungsklage
- Die allgemeine Feststellungsklage
- Der Normenkontrollantrag, § 47 VwGO

Juristisches Repetitorium hemmer

Die Karteikarten: Ihr Erfolgsprogramm für Studium und Examen

Das Pendant zu den Hauptskripten:

Das Prüfungswissen in Karteikartenform für alle Studierende, die es bevorzugen, mit Karteikarten zu lernen. Im Frage- und Antwortsystem zum Wissen. Auf der Vorderseite der Karteikarte führt ein Einordnungsteil zur Frage hin. Die Frage trifft die Kernproblematik des zu Erlernenden. Auf der Rückseite schafft der Antworttext Wissen. Die anschließende hemmer-Methode vermittelt Problembewusstsein für die Klausur.

ISBN 978-3-96838-073-5
9 783968 380735